Jochen Peichl

Jedes Ich ist viele Teile

Jochen Peichl

Jedes Ich ist viele Teile

Die inneren Selbst-Anteile als Ressource nutzen

KÖSEL

MIX
Papier | Fördert gute Waldnutzung
FSC® C083411

Penguin Random House Verlagsgruppe FSC® N001967

12., aktualisierte und erweiterte Auflage 2025

in der Penguin Random House Verlagsgruppe GmbH,
Neumarkter Straße 28, 81673 München
produktsicherheit@penguinrandomhouse.de
(Vorstehende Angaben sind zugleich Pflichtinformationen nach GPSR)

Umschlag: Weiss Werkstatt München
Umschlagmotiv: © Olga W Boeva / Shutterstock.com
Druck und Bindung: CPI Books GmbH, Leck
Printed in the EU
ISBN 978-3-466-34783-4
www.koesel.de

Alles ist eins,
und alles ist verschieden.

Blaise Pascal: Gedanken

Inhalt

Vorwort zur Neuausgabe

Als ich mich nach Bitte meines Lektors, Herrn Plachta vom Kösel-Verlag, an meinen Schreibtisch setzte – er war der gleiche wie bei der Erstausgabe dieses Buches 2010 mit dem gleichen Blick aus dem Fenster – und mich entschloss, den Text von damals danach zu befragen, was ich verändern oder ergänzen wollte, war mir etwas bange und ich zögerte. Was würde ich da lesen können – wäre das noch mein Text, wären das noch meine Ideen und Überzeugungen von heute? Je mehr ich mich aber auf mein altes Buch von 2010 einließ, umso zufriedener wurde ich: Ja, das, was da steht, ist die Basis der Idee, dass wir alle vielfältig und aus verschiedenen Selbst-Anteilen kreativ zusammengesetzt sind. Das, was ich damals aus den vielen Gesprächen mit meinen Patienten und Patientinnen in der Traumaabteilung der Klinik gelernt, ausgesprochen und auf Papier gebracht hatte, ist auch heute ein guter, verständlicher Einstieg in dieses faszinierende Thema: Wer bin ich, und wenn ja … wie viele? Ich möchte Sie mit diesem Buch neugierig machen auf sich selbst, auf Ihre innere Mannschaft der Selbst-Zustände, der Seiten, der Ambivalenzen und der Persönlichkeits-Anteile.

Natürlich ist die Zeit vorangeschritten, ich habe noch viel über das Thema nachgedacht, habe viel dazu geschrieben und weiter mit Menschen an ihren inneren Konflikten in meiner Praxis gearbeitet. Mein Blick auf das Teile-Konzept wurde immer differenzierter und spezieller, vor allem auch durch die Sicht von Kolleg*innen, die sich ebenfalls wie ich für dieses Thema begeisterten – auf Tagungen, in Workshops und in vielen neuen und interessanten Büchern, die dazu erschienen sind. Deshalb habe ich für die jetzt vorliegende 11. Auflage dieses Buches noch ein Kapitel hinzugefügt und an einigen Stellen etwas ergänzt. Ich finde, es ist jetzt wieder eine runde Sache – und wünsche Ihnen viel Spaß beim Lesen.

Jochen Peichl
Frühjahr 2022

Einleitung

»Der erste Satz in einem Buch ist der wichtigste, habe ich irgendwo gelesen, er darf nichts Langweiliges und Überflüssiges enthalten. Gut gelungene Anfangssätze sollen den Leser anregen, ihn neugierig machen und in das Buch hineinziehen; er soll an den Sätzen wie an Widerhaken hängen bleiben, es sich zwischen den Zeilen bequem machen oder geschockt den Atem anhalten, bis er fast platzt, und dann weiterlesen bis zum bitteren Ende.«

So spricht mit einem etwas fordernden und antreibenden Ton seit Wochen eine innere Stimme in mir, immer wenn ich zu den ersten Seiten meines Buches zurückkehre und über *die* richtige Einleitung nachdenke. Dieser Teil meines Selbst ist ein guter alter Bekannter, den ich jetzt nach Jahren der Auseinandersetzung meist etwas scherzhaft »Meinen Perfektionisten-Jochen« nenne.

Es gibt aber noch ganz andere Stimmen, die sich ungefragt zum Buchanfang äußern wollen und die ganze Szene auf meiner inneren Bühne dramatisch, aber auch abwechslungsreich gestalten.

»Schön, schön – aber das hier ist kein Roman, keine Sammlung von Kurzgeschichten oder gar ein Krimi. Es ist eine Art Sachbuch über die Verletzungen der Seele, über das, was Menschen Menschen antun können, oder ganz einfach ausgedrückt: eine Art Ratgeber für Menschen mit schwierigen Inneren Kindern. Verschnörkelte Anfänge sind hier völlig fehl am Platze«, sagt ein anderer Teil in mir, der sich »Der große Realist« nennt.

Unterschlagen möchte ich Ihnen, liebe Leser*innen, aber nicht meinen Teil »Jochen: berufsmäßiger Dauerskeptiker« mit markanten Bedenkenfalten auf der Stirn, der jammert, das ganze Projekt »wird eh niemand interessieren und ist die Mühe und das Papier nicht wert, auf dem es geschrieben ist – finanziell der Superflop«.

Nicht gerade ermutigend, denke ich und lausche auf eine weitere Stimme, die, vom totalen Gegenteil überzeugt, mit etwas theatralischer, silberheller Tonlage Marke »Désirée Nick« versucht, mich wieder aufzubauen. Sie meint, ich werde »es mit dem Buch ganz bestimmt in die *Spiegel*-Bestsellerliste schaffen. Das Haus auf den Palm Jumeirah Islands in Dubai und die Jacht gleich neben Boris Becker können wir eigentlich unbedenklich jetzt schon vorbestellen«.

Oh Gott, kennen Sie das auch, das ständige Gequatsche im Kopf, die inneren Dialoge und das Hin und Her der Meinungen und diese kränkbaren Empfindlichkeiten der zu kurz gekommenen Inneren Kinder? Dann sind Sie hier richtig!

Ich hoffe, ich habe Sie mit diesem kurzen Einblick in mein Seelenleben nicht verschreckt. Aber das mit den inneren Dialogen, mit den inneren Stimmen ist ganz normal und nichts Verrücktes. Vielleicht ist es Ihnen auch schon einmal aufgefallen: Wir sprechen innerlich ständig mit uns selbst – und häufig sind wir auch gar nicht unserer Meinung, wenn anscheinend immer zwei oder mehr Herzen in unserer Brust schlagen. Manchmal mahnt uns eine innere

Stimme zu mehr Disziplin, macht uns Vorwürfe, kritisiert uns oder erinnert uns an wichtige Sachen oder Ähnliches – und selten, dass uns eine innere Stimme lobt.

Die Anregung, dieses Buch zu schreiben, bekam ich von meinen Patienten in der Klinik für Psychotherapie und Psychosomatik am Klinikum Nürnberg, wo ich als Oberarzt fast 20 Jahre bis 2011 arbeitete. »Schreiben Sie das doch mal auf, was Sie uns da in der Gruppe erzählt haben, damit wir es noch mal nachlesen können«, wurde ich immer wieder von meinen Patienten[1] gebeten.

Aber das, was ich aufgeschrieben habe und Sie nun in Händen halten, ist kein weiterer platter Lebenshilfeführer, sondern ist für alle Menschen gedacht, die bereit sind, sich mit sich selbst intensiver zu beschäftigen. Fragen an das eigene Ich/Selbst und das Leben zu stellen, die Seele oder unseren Biocomputer hinter der Stirn einmal genauer unter die Lupe zu nehmen und sich mit der Tatsache zu beschäftigen: Wir sind nie allein, immer in Gesellschaft unserer inneren Anteile – somit sind wir alle im besten Sinne »etwas multipel«[2].

Seit dem Aufbau einer Therapiestation für Frauen mit traumatischen Erfahrungen in der Kindheit und/oder im Erwachsenenleben im Jahre 1994 am Nürnberger Klinikum weiß ich, dass hilfreiche Traumatherapie zwei gleich wichtige Dinge umfassen muss: zum einen eine Vermittlung von Wissen zu Fragen wie: »Was ist und wie entsteht eine traumatische Erfahrung? Welche Folgen hat diese Erfahrung für meine Seele und meinen Körper? Wie kann ich mir das erklären, was ich da in mir spüre und fühle?«, zum anderen eine schonende, nicht erneut traumatisierende Aufarbeitung der Erlebnisse nach einer Phase ausreichender Stabilisierung und eine Integration der Traumaerfahrung in ein größeres Konzept meines Lebens.

Deshalb spielt die Weitergabe von praktischem Wissen an Patienten bei uns in der Klinik eine wichtige Rolle. Man nennt das in der stationären Traumatherapie etwas hochgestochen »Psychoedukation« – also Schulung über psychologische Fragen. Als Erstes habe ich dabei gelernt, dass fast alle Menschen mit für sie unerklärlichen Beschwerden des Körpers und der Seele nach einer Traumaerfahrung glauben, mit ihnen stimme etwas nicht und bestenfalls seien sie nur verrückt geworden. Häufig ist die Scham, darüber zu reden, sehr groß und führt in das Verstummen und den inneren und äußeren Rückzug. Dabei ist es entlastend, von einem Fachmann zu hören: »Alle die von Ihnen genannten Beschwerden sind ganz normal, Sie sind nicht verrückt, die Situation war verrückt, der Sie ausgesetzt waren.«

Zu wissen, warum ich so bin, wie ich bin oder warum ich so und nicht anders auf ein einmaliges oder wiederholtes Traumaereignis reagiere, entspannt und beruhigt betroffene Menschen mit vielen Fragezeichen und ängstigenden Knoten im Kopf. Aus dieser Erfahrung habe ich angefangen, meine Unterrichtseinheiten und Gespräche mit Betroffenen aufzuschreiben und als eine Art Ratgeber zur Verfügung zu stellen. Dabei ist der Begriff »Ratgeber« gar nicht so ohne: Vom noch harmlos klingenden Substantiv Rat-Geber ist es kein weiter Schritt zu den »Rat-Schlägen« und die sorgen als sogenannte ungebetene Ratschläge schnell für Missstimmung. Diesen Knatsch meint »Volkes Mund«, wenn er reimt: »Ratschläge sind auch Schläge« oder »Gut gemeint ist oft das Gegenteil von gut«.

Mit diesem Buch möchte ich Sie nicht schulmeisterlich belehren oder mit wohlgemeinten Lebensweisheiten erschlagen, sondern Ihnen Informationen liefern, Wissenswertes zu einzelnen Forschungsfragen verständlich aufbereiten, lösungsorientierte Anregungen geben, um sich selbst aus einer neuen Perspektive zu betrachten. Der Themenschwerpunkt des Buches sind all die Probleme, die mit psychischer, physischer und/oder sexueller Traumatisierung in der Lebensgeschichte und deren seelischen Folgen zu tun haben. Das ist mein Spezialgebiet und damit habe ich mich nun über 40 Jahre als Psychotherapeut in Klinik und Praxis beschäftigt. Da ich mich als Neurologe und Psychotherapeut schon immer für das Gehirn interessiert habe, werde ich versuchen, alles, was ich Ihnen berichte, auch vor dem Hintergrund der aktuellen Hirnforschung zu erklären – so komplex wie nötig, so verständlich wie möglich.

Das ist der eine Teil, sozusagen der Sachteil meiner Botschaft, der andere Teil richtet sich direkt an Sie als Opfer von erlebter und erlittener Gewalt und rücksichtsloser Grenzverletzung. Ich möchte Ihnen Anregungen geben, Sie ermutigen und auch anleiten, um aus einer momentanen Sackgasse herauszukommen und auszuprobieren, Dinge nicht nur anders zu sehen, sondern auch anders zu machen. Trotzdem ist dies kein Buch zur Selbsttherapie, indem Ihnen ein Psycho-Fitnessprogramm vorgeschrieben wird mit dem Ziel der Selbstheilung in zwölf Stufen. Im Idealfall ist es eine Art Begleitbuch, wenn Sie schon in einer Therapie mit dem Schwerpunkt Traumabearbeitung sind, oder einfach ein Informationsbuch für Menschen, die an ihren inneren Widersprüchen, Zerrissenheiten und Konflikten leiden.

Viele Dinge sind bewusst allgemein formuliert und lassen

auf diese Weise viel Spielraum für Ihre persönliche Interpretation – nehmen Sie sich immer nur so viel davon heraus, wie Sie glauben, für sich selbst gebrauchen zu können. Denn: Ratschläge werden von uns allen als unangenehm empfunden, wenn sie dem Empfänger einen Mangel unterstellen. Das ist nicht meine Absicht. Als Anhänger des hypnosystemischen Denkens glaube ich eh daran, dass Sie all die Stärken und Ressourcen in sich haben, die Sie brauchen, um sich zu verändern. Sie müssen nur Ihr intuitives Wissen nutzen, um die im Unbewussten schlummernden Kräfte zu entfalten.

Durch meinen Umgang mit Menschen, die die Erfahrung traumatischer Grenzüberschreitung in der Kindheit, Jugend oder auch im Erwachsenenalter machen mussten, habe ich einiges gelernt, was mir in vielen weiteren Gesprächen geholfen hat, den Menschen vor mir im Gespräch besser zu verstehen und auch zu erfühlen – dafür möchte ich mich an dieser Stelle bei allen, die meinen Weg gekreuzt haben, bedanken. Andere sahen meine Verständnismodelle, vor allem die Arbeit mit dem Inneren Kind, als hilfreich und empfanden dieses Denkschema als einleuchtend und für sie weiterführend. Dies alles möchte ich Ihnen in diesem Buch weitergeben und Sie damit zum Nachdenken anregen.

Hauptziel vor allem anderen ist es, Ihnen wieder das Gefühl, den Gedanken zu geben, Sie können etwas in und an Ihrem Leben verändern, Ihnen das Wissen zu vermitteln, dass Sie mehr sind als nur jemand, der in einer Sackgasse steckt. Im Zen-Buddhismus gibt es den klugen Satz: Wenn ich feststelle, dass ich traurig bin, dann bin ich mehr als meine Traurigkeit. Damit dieses »Sich-neben-sich-Stellen«, »Sich-Beobachten« und »Sich-mal-von-außen-Betrachten«

besser gelingt, bietet Ihnen dieses Buch ein paar grundlegende Gedanken.

Um aus der Erstarrung wieder in die Bewegung zu kommen, braucht es zuerst aber einmal eine neue und damit zusätzliche Perspektive. Damit fangen wir an – gleich hier in der Einleitung.

Warum-Fragen

An erster Stelle steht für mich die Frage nach dem »Warum?« meiner Vergangenheit. Viele Patienten erzählen mir in der Klinik, wenn sie nur wüssten, *warum* das heute so ist und was es mit der Kindheit zu tun hat, dann ginge es ihnen besser. »*Warum* hat mein Vater das getan?«, »*Warum* hat meine Mutter mich nicht so geliebt, wie ich es gebraucht hätte?« Warum, warum und warum. Wenn wir Warum-Fragen an unsere Vergangenheit stellen, suchen wir Begründungen für das Handeln, Fühlen und Denken von uns und von anderen, wir suchen nach Rechtfertigungen.

»Warum haben Sie eine so starke Wut auf Ihren Vater bekommen?«, »Warum hat er das getan?« – diese affektive Prozessfrage führt vom persönlichen Erleben meiner Gefühle weg und hin zu einer vernunftmäßigen Suche nach Gründen für die Gefühle. In dieser Suche ist die Voranname versteckt, dass – wenn wir uns nur gut genug anstrengen und nachdenken – wir eine richtige Antwort finden, die uns auf einen Schlag alles erklärt. Sorry, aber diese Fragen führen zu nichts, außer zu Antworten, die man glauben kann oder auch nicht.

Eigentlich richtige und gut belastbare Gründe für etwas,

was passiert – zum Beispiel: Wenn ich ein Ei fallen lasse, klatscht es auf den Küchenboden –, gibt es nur in sogenannten kausal-logischen Systemen, das heißt in überschaubaren Systemen mit Ursache und Wirkung, in denen das Wenn-Dann – wenn ich das tue, dann passiert das – vorherrscht. Aber Menschen an sich, ein Team auf einer Intensivstation im Krankenhaus, eine Organisationseinheit bei der Stadtverwaltung sind multikausale, operativ geschlossene Systeme. Und da ist es meist schwierig, Ereignisse und auf ihnen basierende Folgeereignisse als Ursache-Wirkungs-Prinzipien zu definieren. Die Frage, wer mit einem Streit angefangen hat, ist für viele Konflikte im Regelfall nicht lösbar – auch nicht in Familien.

Damit wir uns recht verstehen: Die eigene Vergangenheit zu kennen und zu verstehen ist wichtig, um sich selbst besser zu verstehen. Es kann ganz wesentlich sein, die Verantwortung für Grenzüberschreitungen, körperlichen und seelischen Missbrauch an die zurückzugeben, die immer wieder versucht haben und noch versuchen, sich davon zu entlasten, indem sie den Opfern die Schuld zuschieben.

Auch wenn Ihnen das eben Gesagte zu den Warum-Fragen einleuchten mag, fällt es uns allen trotzdem nicht leicht, darauf zu verzichten, immer wieder genau und überprüfbar wissen zu wollen: Warum ist das so, wie es ist? Es ist einfach ein menschliches Bedürfnis, sehr vielschichtige Zusammenhänge unseres Lebens auf die Eindeutigkeit wie beim Münzenwerfen (Kopf oder Zahl) oder auf Äpfel *oder* Birnen zu reduzieren. Ich sehe darin einfach den weiterführenden Wunsch, wieder Kontrolle über das eigene Leben bekommen zu wollen beziehungsweise die Ursachen für schlechte Stimmung, für mieses Karma zu erfahren, um etwas in der

Zukunft verändern zu können. Also sei's drum: Warum-Fragen sind zwar eigentlich sinnlos, aber ein erster Schritt, der uns in Bewegung bringen kann.

Das ist das eine ... aber, so sagen die Gestalttherapeuten, dies reicht nicht aus! Erwachsen werden und erwachsen sein bedeutet, selbst die Verantwortung für sein Leben zu tragen. Die Verantwortung auf früher zu verweisen, hilft letztlich nicht bei der Bewältigung von Problemen. Deshalb werden in der Gestalttherapie Warum-Fragen durch Wie-Fragen ersetzt. Denn mit der Antwort auf die Frage Wie? bekomme ich das Geschehen in den Griff. Ich werde mir dessen bewusst, was ich tue. Dann kann ich wählen: alles so lassen, wie es ist, oder etwas verändern. Statt zu fragen, »Warum bin ich so gehemmt?«, frage ich: »Wie (wo und wann) hemme ich mich selbst?« und: »Wie (wo und wann) kann ich anfangen, eine Änderung meines Verhaltens zu probieren?«[3]

Warum-Fragen sind rückwärtsorientierte Fragen nach dem Schuldigen oder Verursacher und sind nie frei von einem leichten Vorwurf – für eine erste Phase der Therapie können sie trotzdem wichtig sein; Wie-Fragen sind letztlich zukunftweisende, lösungsorientierte und Selbstverantwortung stärkende Fragen: »Wie machen wir es in Zukunft besser?«

Probleme sind nicht alle gleich

Und dann gibt es da noch ein Problem mit den »Problemen«, die wir so im Leben erleiden. Es gibt Schwierigkeiten und Probleme, für die es lohnt, hilfreiche Lösungen zu finden, mit der Hoffnung und dem Ziel, dass sich die äußeren Umgebungsbedingungen und die inneren Reaktionsbereitschaften verändern, sodass das Problem in der Zukunft nicht mehr auftritt. In der Regel sind das Probleme, bei denen wir uns selbst ändern müssen und nicht die anderen. Wenn ich einen sitzenden Beruf ausübe und mittags mir gehaltvolles Kantinenessen reinschaufle und dabei immer dicker werde, dann ist ein Abo im Fitnessstudio oder Obst und Joghurt am Mittag eine wirklich sinnvolle Lösung meines Problems.

Aber viele Probleme, die wir mit unserer Vergangenheit und den dort auftauchenden wichtigen Bezugspersonen hatten und haben, sind auf diese Weise nicht zu lösen. Wünsche wie »Wenn meine Mutter mir heute endlich mal zuhören und zugeben würde, dass sie damals falsch gehandelt hat, als sie mich nicht genug vor dem Stiefvater schützte« oder »Ich möchte einmal spüren, dass meine jüngere Schwester nicht bevorzugt wird und ich immer nur die zweite Geige spiele« zielen darauf ab, die Vergangenheit nachträglich zu verändern. In vielen von uns gibt es kindlich gebliebene Teile, innere Stimmen, Innere Kinder, die sich nichts mehr wünschen, als dass das Tagebuch unseres Lebens noch mal umgeschrieben werden könnte. Verständlich, aber die Tinte auf diesen vergangenen Seiten ist schon lange getrocknet.

Was wir dagegen aktiv tun können, ist, die Vergangenheit aus der Perspektive der Gegenwart neu zu bewerten. Nicht dass man dem erlittenen Unrecht, der demütigenden Grenzüberschreitung, den Leidensjahren im Kinderheim usw. nun einen Sinn geben, dem einen höheren Wert beimessen sollte. Nein, das meine ich nicht. Für eine solche Sinngebung von persönlichem Leid, Plagen und Schicksalsschlägen als »höhere Prüfung« wie in der Bibel beim geschundenen Hiob bin ich nicht zu haben, das finde ich grausam und zynisch. Es geht mir um etwas anderes: Wenn mir die Dinge schon widerfahren sind und ich im Nachhinein nichts mehr verändern kann an der Vergangenheit, dann stellt sich die Frage, was ich daraus für mein weiteres Leben lernen kann. Wie wir ein Ereignis bewerten, trägt entscheidend dazu bei, welche Bedeutung dieses Ereignis im späteren Leben haben wird. Für was könnte es mich sensibilisieren und wie könnte ich das Ganze in einem größeren Rahmen neu bewerten? Dieses Neubewerten sollte dann nicht mehr aus der Opferrolle heraus erfolgen – das würde heißen: mehr vom Gleichen –, sondern aus einer erwachsenen Sicht, aus dem Blickwinkel eines/einer *Überlebenden* einer traumatischen Erfahrung.

Menschen, mit denen ich an deren Trauma gearbeitet habe, sagten mir am Ende unserer gemeinsamen Zeit, dass sie heute den »Wert« des traumatischen Ereignisses für ihre innere Reifung, für den Wunsch nach vertieften Beziehungen und einer höheren Wertschätzung des Lebens durchaus anerkennen können. Man spricht in diesem Zusammenhang von »posttraumatischer Reifung« oder »persönlichem Wachstum«, ohne das Leid und die Verzweiflung dieser Menschen bagatellisieren zu wollen.

危機

Das ist das chinesische Schriftzeichen »Weiji« für »Krise«. Es ist zusammengesetzt aus dem Zeichen »wei« für »Gefahr« und »ji« für »Chance« oder »Gelegenheit«. Somit ist eine

Krise nach chinesischem Verständnis eine »gefährliche Gelegenheit« – das klingt doch irgendwie ermutigend!

Alle Symptome und Probleme, die ein Mensch hat, seien es Migräneanfälle just am Wochenende, Ängste, über den Bahnhofsvorplatz zu gehen, vor anderen frei zu reden, ohne rot zu werden, oder Albträume und Flashbacks, haben gemeinsam, dass sie einfach passieren und uns nicht fragen, ob uns ihre Gegenwart passt oder nicht: Symptome entstehen ganz unwillkürlich, ganz gegen unseren Willen. Ein Symptom ist nach meiner Sicht ein Zeichen dafür, dass ein Grundbedürfnis eines Menschen nicht anerkannt und befriedigt ist. In dem Sinne sind unsere Symptome Warnhinweise unseres Organismus, besser auf uns zu achten, obwohl natürlich klar ist: Symptome sind meist lästig, schränken mein Leben ein und verbreiten schlechte Laune. Dennoch haben sie es verdient, auch mal aus einer anderen Perspektive betrachtet zu werden.

An dieser Stelle biete ich häufig ein Bild an: Bei den Symptomen ist es so wie mit einem Eisberg. Beim Eisberg sind durchschnittlich zwei Neuntel über Wasser, aber der viel größere Teil, nämlich sieben Neuntel, unter Wasser. Der sichtbare Teil des Problems, das sind die Symptome. Das Eigentliche ist aber unter der Wasseroberfläche verborgen. Wollte man die Symptome abschaffen oder einfach – Simsalabim – wegzaubern, dann wäre das so, als würde man mit einer riesig großen Machete den sichtbaren Eisberg wegschlagen. Und was passiert dann? Dann kommt von unten wieder Neues nach, und alles bliebe beim Alten. Wenn wir Symptome und Probleme also nicht abschaffen können, sollten wir sie als Hinweisschild betrachten, auf dem steht: Vorsicht, ein Teil von dir kommt gerade, hier, heute, jetzt zu kurz. Dieses Buch kann vielleicht dazu beitragen, daran etwas zu ändern und zu ersten Schritten ermutigen. Mehr zum Thema der versteckten Botschaft in den »lästigen« Symptomen finden Sie vor allem im achten Kapitel dieses Buches.

Lassen Sie mich an dieser Stelle den kurzen Umweg über die Warum- und Wie-Fragen bis zum Wesen der Symptome und Probleme beenden und noch kurz auf die in diesem Buch verwendete Metapher des Inneren Kindes eingehen. Was ich damit meine, werde ich im nächsten Kapitel näher erläutern. Ich will aber schon an dieser Stelle darauf hinweisen, dass ich mit dem etwas inflationär gebrauchten Begriff »Inneres Kind« meine Schwierigkeiten habe. Warum das Konzept vom »Inneren Kind« seit einigen Jahren Ausverkauf hat und esoterisch vereinnahmt wird, weiß ich nicht. Aber wie es mir damit geht, weiß ich: nicht gut, denn ich befürchte, ein sinnvolles Konzept fällt damit der Beliebigkeit anheim und wird bestbringend vermarktet.

An einigen Stellen des Buches werden Sie meinen vorsichtigen Gebrauch des Konzeptes »Inneres Kind« bemerken, denn auch für dieses Konzept gilt wie für alle Theorien: Sie sind nicht die Wahrheit, sondern nur eine bildliche Annahme über innerseelische Zustände, die sich häufig einer Beschreibung entziehen. Es sind Bilder und keine Wahrheiten.

1

Wer bin ich, und wenn ja ... wie viele?

Sicher haben Sie auch schon bemerkt, dass wir uns im Leben immer wieder Fragen stellen. Fragen zu scheinbar alltäglichen, aber auch irgendwie unergründlichen Dingen. Die dann nach mühsamer Grübelei gefundene Antwort scheint uns keinen Zentimeter weiterzubringen – ein nachtfüllendes Beschäftigungsprogramm in schlaflosen Zeiten von der nervigen Art. Da kreisen Gedanken, warum nur uns immer wieder der Reis im Topf anbrennt (wo wir doch Mutters Ratschläge genau befolgen), die meisten Spam-E-Mails über Viagra, falsche Rolex-Uhren und Penisverlängerung nur unser Postfach heillos verstopfen – und erst die Psychofrage: Ob wir mit dieser Frau, diesem Mann in der Zukunft *wirklich* glücklich sein werden? Die Antwort auf all das wächst sich nicht zu einer zufriedenstellenden Gewissheit aus, mit der man ein für alle Mal leben könnte. Und dann gibt es da noch eine Frage, die Superfrage sozusagen, die Sie sich sicher auch schon gestellt haben, sonst hätten Sie vermutlich dieses Buch nicht gekauft:

Was ist mein Selbst?

Das Selbst – ein geschlossenes Ganzes oder ein Bündel von Anteilen?

Wenn man sich so umhört, wie die meisten Menschen über sich reden, hat man den Eindruck, dass sie von sich als einer Einheit sprechen, als einem in sich geschlossenen Ganzen, welches sie dann als das »Ich« bezeichnen. Sie sagen: »Ich habe gestern meine Steuererklärung gemacht«, »Ich werde morgen krank sein und nicht ins Büro gehen«. Dieses Denken geht auf den Philosophen René Descartes (1596–1650) zurück, der einmal schrieb: »Ich denke, also bin ich« und damit das Denken adelte. Diesen Geistesblitz hielt er für die »gewisseste aller Erkenntnisse«. Seine Argumentation war: Wenn es bewusstes Wahrnehmen von Gegenständen und Gedanken gibt, dann muss es auch »jemanden« geben, der diese Erlebnisse hat: eine »denkende Substanz« namens Seele. Und für diese Seele meinte er beim Blick ins Gehirn auch einen Ort, ein Organ ausfindig gemacht zu haben: die Zirbeldrüse. Warum gerade die? Weil bei seiner Untersuchung des menschlichen Gehirns, so um das Jahr 1630, nach dem Augenschein nur gleiche, paarig angelegte Hirnteile zu finden waren, bis auf eine Ausnahme: ein kleiner Zipfel an der Hinterwand eines flüssigkeitsgefüllten Hohlraums (III. Ventrikel) tief im Gehirn. Da die Seele etwas Außergewöhnliches war, konnte sie nur hier wohnen. Aus heutiger Sicht ein grandioser Fehlschluss.

Auch in meiner Psychotherapieausbildung habe ich lange im Glauben gelebt, unser Selbst, unser Ich, sei ein unzerteilbares Ganzes, ein kompakter Zentralkern, wie ein Atom vor der Erfindung der Quarks, der Leptosome und Baryonen – das Ich als unzerstörbares Gravitationszentrum unserer

Persönlichkeit. Heute weiß ich, dass das bisher so griffige Kompaktmodell des Selbst eine falsche, in der christlichen Tradition des Denkens entstandene, Vorannahme über uns selbst ist und von den neueren Befunden der Hirnforschung vehement infrage gestellt wird.

Der bekannte systemische Familientherapeut Gunther Schmidt erzählte, als er sein Konzept der »Inneren Familienkonferenz« in einem Seminar vorstellte, von einem Graffito, das ihn vor einiger Zeit in Heidelberg sehr ins Grübeln gebracht habe – da stand an eine Mauer gesprayt: »Wer bin ich, und wenn ja … wie viele?« Diese für uns alle vielleicht zunächst überraschende Erkenntnis ist nicht nur der Titel eines Bestsellers von Richard David Precht, sondern auch Grundlage und Wirkprinzip eines neuen Denkens in der Psychotherapie, wie sie in Form der »Transaktionsanalyse« (Eric Berne), der »Ego-State-Therapie« von Helen und John Watkins oder der »inneren Kindarbeit« in den letzten Jahren an Bedeutung gewann.

Den entscheidenden Schritt in ein Neuland des Denkens vollziehen Sie, liebe Leser*innen, wenn Sie für einen Moment die Idee zulassen, dass das Ich oder das Selbst eines Menschen nicht nur aus einem identitätsstiftenden Zustand besteht, sondern aus verschiedenen Teilen, Rollen, Ich-Zuständen (deshalb auch das neudeutsche Wort »Ego-States«, das ist nur englisch und heißt auch nichts anderes), Anteilen oder Selbsten zusammengesetzt ist – wobei diese neue Wortschöpfung »Selbste« oder »Selbst-Familie« mir am besten gefällt. So könnte man also etwas flapsig sagen: Heute fahre ich in den Urlaub und nehme meine »Selbste« mit – gut, dass es bei der Bahn Gruppentickets gibt, sonst wird es echt teuer.

Die Annahme, dass unser kompaktes Selbst aus verschiedenen Teilen besteht, hat eine lange Ideengeschichte. Dass auch andere das schon lange geahnt hatten, zeigen einige Zitate aus der Literatur. Schon im *Faust* von Johann Wolfgang von Goethe heißt es: »Zwei Seelen wohnen, ach! in meiner Brust, die eine will sich von der andern trennen«. Tolstoi spricht davon, »mit sich selbst uneinig sein«. Auch Nietzsche, der Philosoph für alle Gelegenheiten, hilft uns mit einen Zitat aus: »Das habe ich getan, sagt mein Gedächtnis. Das kann ich nicht getan haben, sagt mein Stolz und bleibt unerbittlich. Endlich gibt das Gedächtnis nach.«

Ich glaube aufgrund meiner langjährigen klinischen Erfahrung mit traumabelasteten Menschen, dass das Konzept des multidimensionalen Selbst, eines Selbst mit vielen unterscheidbaren Anteilen, mehr der inneren Wirklichkeit von uns Menschen entspricht als einfachere Theorien, die von einem konsistenten, hermetisch geschlossenen Ich ausgehen: ein Ich wie ein geschlossenes Ganzes, unteilbar wie ein Felsen. Das heißt aber nicht, dass ich an einem in sich geschlossenen und tragfähigen Gefühl für mich selbst als ganzer Mensch oder als einmalige Persönlichkeit zweifle, nur: Meine sogenannte Selbst-Identität, mein Selbstgefühl, ist die Summe aller meiner Anteile.

Unser Selbst, so könnte man sagen, ist eigentlich eine Selbst-Familie, die aus umgrenzten und beschreibbaren Sub-Selbsten zusammengesetzt ist. Diese Auffassung vom Ich/Selbst taucht in den letzten 100 Jahren in der Literatur der Psychoanalyse immer wieder auf, konnte sich aber bis heute gegen Freuds klassische Theorie, das Ich/Selbst sei eine unteilbare, kompakte seelische Instanz, nicht durchsetzen. Aber auch Freud hatte schon die Seele oder den »psychischen Apparat«, wie er die Seele aus einer naturwissenschaftlichen Sicht nannte, in abgrenzbare Einheiten zerlegt. Das ES war der Ort der Triebe und Wünsche, das ÜBER-ICH enthielt die Moral und die Ideale, und dazwischen das ICH, ständig damit beschäftigt, zwischen den beiden Streitparteien zu vermitteln – eine psychische Dreieinigkeit.

Wahrscheinlich haben Sie bemerkt, dass ich die Begriffe »Selbst« und »Ich« immer wieder miteinander oder auch gegeneinander gestellt benutze, als könnte ich mich nicht so recht für den einen oder anderen entscheiden. Sie haben recht, das Ganze ist zumindest so unklar, dass es wert ist, sich um mehr Klarheit zu bemühen. Dabei wird es ein bisschen theoretisch, ich hoffe, Sie sind mit dabei.

Sich um Klarheit bemühen, sagte ich – die Betonung liegt auf *bemühen*: Wenn man erst einmal anfängt, nach dem Gold der Wahrheit dieser Begriffe zu graben, dann ist man bald ziemlich wirr im Kopf. Das Substantiv »Selbst«, so muss man bald resigniert feststellen, ist ein völlig uneinheitlich verwendeter Begriff mit psychologischen, soziologischen, philosophischen und theologischen Bedeutungskomponenten. Für unser Thema am pragmatischsten erscheint mir die Definition des »Selbst« in »wissen.de«. Dort steht zu »Selbst«: »Begriff für die unveränderliche Eigenart der *Person*, das Erleben der eigenen Identität im Laufe der Entwicklung und in den verschiedensten Zuständen und Handlungen, während der Begriff des *Individuums* den Menschen in seiner Besonderheit von außen gesehen und der Begriff des *Ichs* die Person als Instanz ihrer Handlungen betrifft.«[4] Das *Selbstkonzept* eines Menschen bezeichnet, so könnte man sagen, die Wahrnehmung und Beschreibung, das *Selbstwertgefühl* die subjektive Bewertung der eigenen Person und das *Selbstbewusstsein* ist im allgemeinen Sprachgebrauch die Überzeugung vom Wert der eigenen Person, erlebt als eigene Identität, Kontinuität und Einheit.

Ein Problem ist, dass Identität einmal mit dem Ich eines Menschen in Verbindung gebracht wird (Ich-Identität) und einmal als besonderer Ausdruck des Selbst gilt (Selbst-Bewusstheit). Das weist darauf hin, dass beide Begriffe häufig synonym gebraucht werden.

Für das weitere Vorgehen schlage ich vor, dass wir vereinfachend, aber praxisnah die Begriffe »Ich« und »Selbst« gleichbedeutend verwenden, wenn wir von der separaten, individuellen Identität eines Menschen sprechen – von seiner Persönlichkeit. Das Selbst ist ein gedankliches Konstrukt, das Ergebnis eines Nachdenkens über sich oder Nachspürens in sich selbst – somit ein selbst-reflexiver Vorgang. Darum soll es ja hier in diesem Buch gehen: um unsere Persönlichkeit mit ihren vielen Facetten, unseren Anteilen, inneren Stimmen und mehr oder weniger voneinander abgegrenzten Selbsten.

Unsere verschiedenen Teile

Vielleicht haben Sie sich jetzt etwas erschrocken bei der Vorstellung, dass Ihr Selbst aus verschiedenen Teilen bestehen sollte, und haben gedacht: Was steht hier für ein Mist, ich bin doch nicht verrückt! Ich kann Sie beruhigen, Letzteres ist für Sie als Leser*in ziemlich unwahrscheinlich.

Vielleicht fallen Ihnen an dieser Stelle auch Berichte über

Menschen mit einer »Multiplen Persönlichkeit« ein, die zwischen wechselnden »alters« (Teilpersönlichkeiten) hin und her switchen (das heißt wechseln), oder Sie denken an den Roman *Dr. Jekyll und Mr. Hyde*, den Film *Sybil* oder *Zwielicht* mit Richard Gere. Diese Beispiele verdeutlichen den extremen, pathologischen Endpunkt eines Kontinuums, einer Ergänzungsreihe, an deren Anfang sich eine große Gruppe von »Normalos« befindet. Und wenn wir ehrlich sind: Irgendwie sind wir doch alle nicht nur »etwas Bluna« – das meint zumindest die Werbung –, sondern auch etwas »multipel«.

Denken Sie an einen freundlichen, ruhigen Bankbeamten in Köln, verheiratet, zwei Kinder, der seine Arbeit gut macht, seit Jahren im Urlaub in die gleiche Pension am Gardasee fährt. Aber dann, ab dem 11.11., scheint er abends und am Wochenende in eine andere Haut zu schlüpfen: Als Vorsitzender des Karnevalsvereins Köln-Nippes »Die 3-Funken« ist er bei der Prunksitzung nicht wiederzuerkennen. Würden Sie ihn am Sitzungsabend oder beim Rosenmontagsumzug nach seiner Banktätigkeit fragen, wäre diese für ihn weit weg und ihm fremd: Der Karneval-Ich-Zustand wäre im Vordergrund seines Erlebens und würde im Moment als sein Ich oder Selbst dominieren. Der Banker-Ich-Zustand wäre für ihn im Moment weit weg, obwohl er darum weiß. Am Aschermittwoch in der Bank wäre es wieder andersherum.

Dies alles ist relativ unproblematisch, solange die einzelnen »Teil«-Persönlichkeiten voneinander wissen, das heißt zwischen ihnen keine Barrieren des Vergessens existieren und die Person trotz unterschiedlichen Rollenerlebens sich in der Identität als konsistent und zeitstabil erlebt. Der Banker könnte lachend zu uns sagen: Ja, das bin ich alles, meine rheinländische Begeisterung für Karneval, meine professionelle Banker-Seite und mein Kind in mir, wenn ich mit den Kindern beim Fußballspiel bin usw. Aber alle zusammen bin ich und unverwechselbar: Hennes Kleinschrot, aus dem Rosenwinkel 39a in Köln. Bei normalen Individuen ist dies in der Regel so der Fall (außer sie nehmen Drogen), anders bei Menschen mit einer sogenannten Multiplen Persönlichkeit – aber davon später.

Wie sollen wir uns das Ganze nun vorstellen? Lassen Sie uns einfach mal annehmen, unser Selbst, das, was wir im Singular in der »ersten Person« das »Ich« nennen, wäre wie ein großes Straußenei: außen eine harte Schale und innen mehrere große und kleine Eidotter, alle durch eine durchlässige Membran voneinander getrennt. Oder etwas wissenschaftlicher ausgedrückt: Das Selbst ist ein Zustand, der aus mehreren Selbsten, Selbst-Zuständen besteht, die durch mehr oder weniger durchlässige Grenzen voneinander getrennt werden.

Im Normalfall weiß jeder Selbst-Anteil von der Existenz, der Funktion und Aufgabe des anderen. Alle bilden zusammen nach außen eine Einheit, zum Beispiel die einmalige, unverwechselbare Persönlichkeit Hennes Kleinschrot, aber nach innen gibt es unterschiedliche Anteile, die sich im Leben von Herrn Kleinschrot gebildet haben. Es ist so eine Art innere Familie, ein Team von Sub-Selbsten, die in einer funktionellen Weise handeln und, wie viele Familien, unterschiedliche Grade an Dysfunktion aufweisen können. Gewöhnlich zeigt sich eine Störung, eine Symptombildung in einem Menschen dann, wenn Uneinigkeiten, Streit, Rivalität oder ein Mangel an Kooperation zwischen den Selbst-Anteilen auftreten – wie in einer normalen Familie auch. Das Ziel der Veränderung eines Menschen in der Therapie wäre die Integration dieser inneren Anteile. Etwas flapsig ausgedrückt: Es geht darum, aus einem chaotischen Haufen ein erfolgreiches inneres Team zu machen.

Vielleicht werden Sie an dieser Stelle fragen: »Sind die Teile denn real, sind die wirklich da oder konstruiere ich diese Teile beim Nachdenken?« Eines kann ich sicher sagen: Ein Mensch, ein Patient in der Psychotherapie, der sich auf Teile-Arbeit einlassen will und kann, durchläuft einen Symbolisierungsprozess. Er verbildlicht innere Stimmungen, Vorstellungen, Impulse zu einer konkreten Gestalt. Die Gestalt, die er wählt, ist nicht zufällig, sie entstammt seinem biografischen Hintergrund, seiner Erlebnisgeschichte. Ich möchte hier keine naturwissenschaftliche, nachprüfbare Aussage machen, dass es diese Teile wirklich so »gibt«, wie wir sie symbolisieren, um mit ihnen kommunizieren zu können – darum geht es mir nicht. Ich gehe vielmehr davon aus, dass diese Teile, wenn wir sie uns vorstellen und mit ihnen kommunizieren, Realität gewinnen, weil wir sie konstruieren. Und damit sind sie genauso real oder virtuell wie die Wahrnehmungsbilder, die wir ebenfalls in unserem Kopf konstruieren. Aufgrund der Ergebnisse der neueren Hirnforschung wissen wir, dass der Unterschied zwischen Wahrgenommenem (eine Blume auf dem Tisch) oder Imaginiertem (die Vorstellung einer Blume auf dem Tisch) zumindest für das Gehirn nicht so groß ist. Das liegt daran, dass für beides die gleichen neuronalen Netzwerke im Gehirn genutzt werden. Aber zurück zu den unterschiedlichen Teilen unseres Selbst.

Wie Sie bereits wissen, hat jeder von uns Anteile, und

meine Selbst-Zustände unterscheiden sich in vielen Punkten von den Ihren. Wenn jeder aber seine Landkarte der Selbst-Zustände zeichnen würde, würden wir sicher ein paar Übereinstimmungen finden: Da gibt es kindliche oder erwachsene Selbst-Zustände, Anteile, die wichtige Bezugspersonen wie Mutter oder Vater verkörpern, Niederschläge von ganz speziellen und einmaligen Lebenserfahrungen und Anteile, die wir einmal gerne sein würden. Wir können davon ausgehen, dass wir in der Regel fünf bis zehn Selbst-Zustände besitzen, die leicht abrufbar und aktivierbar sind, um unseren Alltag zu bewältigen. Gordon Emmerson (2003) nennt sie die »Oberflächen-Anteile« (surface states). Sie können in der Therapie leicht bewusst gemacht werden, sind relativ konfliktfrei und primär funktional. Wir haben aber noch mehr Selbste: solche, die wir in der Vergangenheit gebrauchten und die uns momentan beim Nachdenken nicht präsent sind (»vorbewusst« würde die Psychologie sagen), aber auch solche, die wir nur wenig benutzen, die aber etwas für uns Wichtiges aus der Vergangenheit in sich aufbewahren (underlying states). Alle anderen Selbst-Zustände, die seit der Kindheit in uns entstanden sind und unsere Lebensgeschichte in sich tragen, sind nur durch Hypnose oder Methoden des Psychodramas nach Jacob Lewis Moreno oder der Ego-State-Therapie nach Watkins und Watkins zum Leben zu erwecken.

Noch einmal zur Unterscheidung von Oberflächen- und Tiefen-Anteilen:

Oberflächen-Anteile

1. Sie sind die Funktionsträger der täglichen Lebensbewältigung und können leicht beim Nachdenken über sich selbst erkannt werden (mein Therapeuten-Selbst, mein Vater-Selbst von zwei Kindern, mein Partner-Selbst in der Beziehung zu meiner Frau, mein »kleiner, fünfjähriger Junge«, der fußballbegeistert ist usw.).
2. Es herrscht in der Regel gute Kommunikation zwischen diesen Anteilen, das heißt Ko-Bewusstheit.
3. Diese Teile bilden eine relativ konfliktfreie Selbst-Familie.
4. Kognitive und emotionale Teile bilden eine Wahrnehmungseinheit.

Tiefen-Anteile

1. Sie sind mehr oder weniger weit von der Bewusstseinsoberfläche entfernt, das heißt unterschiedlich leicht zu aktivieren.
2. Sie tragen wichtige Kindheitserinnerungen (gute wie schlechte Erinnerungen: Verlassenheits- oder Schamerlebnisse, Hilflosigkeit, Trauma und Not usw.).
3. Sie lassen sich meist durch Hypnose an die Oberfläche bringen.
4. Ungelöste Traumaerfahrungen werden in der Regel hier abgelegt.

Soweit erst mal ein erster Einstieg in dieses Denken. Ich hoffe, dass deutlich wurde, mit welchem Problem der Graffitosprayer sich herumgeplagt hat, als er schrieb: »Wer bin ich, und wenn ja … wie viele?«

2

Wie und warum entstehen Selbst-Anteile?

Nach Ansicht von John und Helen Watkins, zwei Pionieren in Sachen Vielheit unseres Selbst, kommen für die Entstehung der Anteile in einem Menschen drei Prozesse infrage:

1. normale Differenzierung unserer Persönlichkeit
2. Verinnerlichung wichtiger, prägender Bezugspersonen in der Kindheit
3. Reaktion auf ein erlebtes Trauma

Schauen wir uns die drei Möglichkeiten etwas genauer an.

Die normale Differenzierung unserer Persönlichkeit

Kinder verhalten sich nicht immer gleich. Sie lernen schnell, dass kontextangepasstes Verhalten Vorteile bietet, das heißt, das Kind lernt in seiner normalen Entwicklung zu differenzieren zwischen Dingen, die gut tun und solchen, die schlechte Gefühle hervorrufen. Es entwickelt ein Verhaltensrepertoire für den adaptiven, also angepassten Umgang mit den Eltern, Geschwistern, Lehrern, Sportkameraden usw. Generell könnte man sagen, dass die menschliche Persönlichkeit sich aufgrund zweier grundlegender Prozesse entwickelt: Integration und Differenzierung, oder anders ausgedrückt: der Verbindung von Teilen zu einem Ganzen oder der Zergliederung eines Ganzen in Einzelteile.

Diese Beobachtung wird durch die neueren Befunde der Hirnforschung bestätigt. Das Selbst, welches sich als Urheber und Quelle all unserer Wünsche, Gedanken, Handlungstendenzen und Vorstellungen wähnt und uns das Gefühl gibt, wir selbst seien es, die etwas gewollt und ausgeführt haben, dieses persönliche Selbst entsteht vermutlich erst gegen Ende des dritten Lebensjahres. Das nennen wir dann das autobiografische, sprachlich kommunizierende und reflexive Selbst, das heißt ein Selbst, das auch über sich nachdenken kann, sich selbst zum Thema der Reflexion machen kann.

Aber dieses bewusste Selbst ist nur eine Nussschale im Ozean des Unbewussten. Nur ca. 20 Prozent dessen, was in unserem Gehirn passiert, nehmen wir bewusst wahr. 20 Prozent dessen, was in diesem Biocomputer verrechnet, mit alten gespeicherten Daten abgeglichen, bewertet und mit Gefühlen angereichert wird. Nur die Informationen, die für neu und wichtig eingeschätzt werden, erreichen die Großhirnrinde (assoziativer Kortex) und kommen uns so zu Bewusstsein. Für alles andere, das heißt für alles, das als »altbekannt« und »unwichtig« von unserem Unbewussten eingeschätzt wird, gibt es vorgefertigte Programme, die die Information abarbeiten und so den ständigen »Overkill« an Informationen, die auf uns einprasseln, reduzieren. Diese

Filtersysteme sind dringend notwendig, hämmern doch ca. sieben Millionen Informationen pro Sekunde über die Sinnesorgane von außen und aus dem Körperinneren auf unser Gehirn ein; dabei kann das menschliche Gehirn nur einen Bruchteil (ca. 5–20 Bit) pro Sekunde verarbeiten. Diese kleine Datenmenge, die die Schranke zur Bewusstseinszentrale nach einer radikalen Auswahl des Thalamus – dem Tor zum Bewusstsein im Zwischenhirn – passiert hat, ist das Material, aus dem wir uns das bewusste Erleben der Welt konstruieren.

Am treffendsten lässt sich unser Problem mit einem Bild beschreiben: Wir sind mit unserem bewussten Denken in einer ähnlichen Situation wie der Kaiser von China. Vom persönlichen Kontakt mit den Menschen seines Volkes und dessen Nöten abgeschlossen, ist er auf die Berichte und Einschätzungen seiner Hofschranzen, Sekretäre und Lobbyisten angewiesen – alles gefiltert, mit Eigeninteressen versetzt. Daraus lässt sich für den Kaiser kaum ein realistisches Bild der Situation in seinem Land erschließen, außer dass der Kaiserhof auf alle Fälle überleben solle und seine Macht erhalten will.

Für uns heißt das: Ich erkenne immer nur einen kleinen Ausschnitt dessen, was vorhanden ist – was meine Urteilskraft nicht gerade sicherer macht. Die gute Nachricht aber ist, dass die Sinnessysteme unseres Gehirns darauf spezialisiert sind, aus dem breiten Spektrum der verwertbaren Signale die auszuwählen, die für das Überleben in einer komplexen Umwelt besonders dienlich sind. Dazu der Hirnforscher Wolf Singer: »Aus diesem Wenigen wird dann ein kohärentes Bild der Welt konstruiert und unsere Primärwahrnehmung lässt uns glauben, dies sei alles, was da ist. Wir nehmen nicht wahr, wofür wir keine Sensoren haben, und ergänzen die Lücken durch Konstruktionen. Erst die Verwendung künstlicher Sensoren lehrt uns dann, dass es da weit mehr wahrzunehmen gäbe.« (Singer 2000)

Das Unbewusste aber, und hier interessiert mich vor allem eine das gesamte Hirn durchziehende, sehr komplexe Struktur, die für die Gefühle und einen Teil des Gedächtnisses zuständig ist, beginnt seine Arbeit schon viel früher, weit vor dem ersten Aufblitzen des bewussten Denkens. Diese Verdrahtungen im Gehirn – von manchen das »emotionale Gehirn« genannt – haben die etwas poetisch klingende Bezeichnung »Limbisches System«. Es beginnt seine Arbeit schon früh im Mutterleib und läuft in den ersten Wochen, Monaten und Jahren unseres Lebens zur Hochform auf – in einer Zeit, in der der Säugling seine prägendsten Erfahrungen macht. In dieser Zeit passiert im Gehirn des Säuglings Unglaubliches: Das zentrale Nervensystem und das Gehirn gehören zu den ersten Baustellen, die ein Embryo bei seiner Entwicklung in Angriff nimmt. Ab der dritten Woche fangen die Nervenzellen des Embryos an, sich zu teilen, und legen dabei ein ziemliches Tempo vor: Da das menschliche Gehirn bei der Geburt bereits die endgültige Zahl von 100 Milliarden Neuronen enthält, müssen während der gesamten Schwangerschaft durchschnittlich 250 000 Nervenzellen pro Minute gebildet werden. Experten glauben, dass die Fabrikationsrate noch viel höher liegt, da bis zum fünften Monat weit mehr als die Hälfte schon produziert ist: bis zu einer halben Million Nervenzellen pro Minute in Spitzenzeiten.

Einige Informationen über unser Gehirn

Wie alle anderen Organe unseres Körpers besteht auch das Gehirn aus Zellen, die wir Neuronen nennen. Wie eben erwähnt, besteht das menschliche Gehirn aus ungefähr 100 Milliarden Neuronen, die für die Übertragung von Informationen zuständig sind, kleine Verrechnungseinheiten, die sich in Netzen zusammenschließen. Diese 100 Milliarden Neuronen werden durch etwa 10- bis 50-mal so viele sogenannte Gliazellen unterstützt. Diese bilden ein Stützgerüst für die Nervenzellen, sorgen für gegenseitige elektrische Isolation und sind am Nährstoff- und Flüssigkeitstransport beteiligt. Ihr Entdecker Rudolf Virchow gab den Zellen wegen der vermuteten Stütz- und Haltefunktion in der Mitte des 19. Jahrhunderts den Namen »Gliazellen«, abgeleitet aus dem griechischen Wort für »Leim«. Über diese Gliazellen wissen wir aus neurobiologischer Sicht bis heute noch recht wenig.

Die Neuronen in unserem Gehirn haben alle die gleiche Funktion: Erregung wird aufgenommen, verarbeitet und abgegeben. Eine Nervenzelle hat an ihrem Zellkörper einen längeren Ausläufer, den man Axon nennt und der Informationen von der Zelle wegleitet, und ein verästeltes System von kurzen Ausläufern (Dendriten), die neurale Impulse von anderen Neuronen empfangen. Zu Beginn der Schwangerschaft sind die Neurone nur grob ausgebildet: Es sind sogenannte Keimlinge mit einem kurzen Axon, ganz wenigen Dendriten und kaum synaptischen Verbindungen – Letztere machen die Weiterleitung von Impulsen zwischen den Nervenzellen erst möglich: mit kleinen Endknöpfchen, die man Synapsen (Kontaktstellen) nennt. Die Bildung von Synapsen macht die Hauptarbeit der Gehirnentwicklung aus und dauert die gesamte Schwangerschaft bis ins zweite Lebensjahr nach der Geburt an. Aus Untersuchungen weiß man, dass sich bis zu 1,8 Millionen Synapsen pro Sekunde formen, teils in der Schwangerschaft und teils in den Monaten nach der Geburt. Dies führt zu der unglaublichen Zahl von einer Billiarde Nervenanbindungen am Ende des ersten Lebensjahres.[5] Es sind dann mehr Synapsen, als es Sterne in der Milchstraße gibt – alles ist mit allem zigtausendmal verbunden, das Plansoll ist mehr als übererfüllt.

Nun ist das vernetzte Gehirn vorbereitet auf die Lernerfahrungen, die der kleine Winzling in dieser für ihn kalten, lauten und fremden Welt machen kann und muss. Die dafür nötige Hardware steht in Form der durch genetische Programme gesteuerten Verdrahtung des Biocomputers bereit. Darauf wirkt jetzt die Umwelt ein und beide, Gene und Umwelt, legen die Struktur des Gehirns fest. Alle Erfahrungen, die ein Säugling nun macht, bewirken die Aktivierung gewisser Synapsen und sichern damit die Überlebenschancen dieser Synapsen, die sich immer fester zu Netzwerken zusammenfinden – was benutzt wird, wird verstärkt. In der Sprache der Neurowissenschaft ergibt das die hebbsche[6] Regel: »Neurons that fire together wire together« – Neuronen, die zusammen feuern, sind miteinander verbunden.

Synapsen, die selten oder gar nicht gebraucht werden, verkümmern und sterben ab. Die Reize aus der Umwelt sind die Grundlage für den massiven Ausleseprozess; laut der Ergebnisse neuer Studien sollen bis zu zwei Drittel aller zuvor geknüpften Bindungsstellen rückgebaut werden. Sobald der Überschuss abgebaut ist, ist die sensible Phase der Hirnentwicklung vorbei und das Hirn muss mit seinen vorhandenen Schaltkreisen auskommen.

Gedanken zur normalen Selbst-Entwicklung

Lassen Sie mich nach dem kleinen Blick unter die Schädeldecke wieder zu einem wichtigen Teil unseres unbewusst arbeitenden Gehirns zurückkehren, dem limbischen System. Die Bezeichnung »limbisch« leitet sich von Limbus (»Saum«) ab: Die dazugehörigen Strukturen bilden einen doppelten Ring um zentrale Kerngebiete des Mittelhirns, die Basalganglien (eine wichtige Aufgabe ist hier die Steuerung der Willkürmotorik) und den Thalamus (hier werden Informationen aus dem Körper und den Sinnesorganen umgeschaltet).

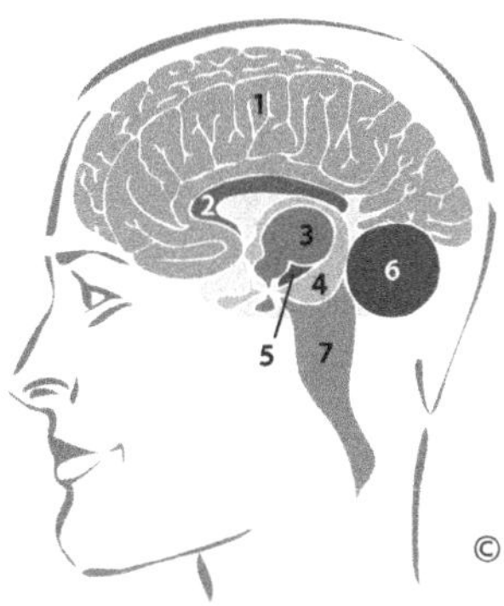

1 Großhirn (Kortex)
2 Balken
3 Zwischenhirn
4 limbisches System
5 Mittelhirn
6 Kleinhirn
7 Nachhirn

© Wolfgang Pfau

Gerhard Roth, der Leiter des Hirnforschungszentrums der Universität Bremen sagte in einem Vortrag bei den Lindauer Psychotherapiewochen 2001: »Es (das limbische System, J. P.) bewertet alles, was Körper und Gehirn tun, entsprechend den Regeln des impliziten (unbewussten) assoziativen Lernens nach ›gut/lustvoll/erfolgreich‹ und damit zu wiederholen bzw. ›schlecht/schmerzhaft/erfolglos‹ und damit zu vermeiden, und legt diese Bewertungen im emotionalen Erfahrungsgedächtnis ab. In dieser Weise formt sich das, was man Charakter oder Persönlichkeit nennt, sehr früh und weitestgehend unbewusst und wird zunehmend resistent gegen spätere Erfahrungen. Das bewusste Ich sieht sich ab dem vierten Lebensjahr in diese ›limbische‹ Persönlichkeit sozusagen hineingestellt und von ihr getragen.« (Roth 2001a)

Diese sich häufig wiederholenden Erfahrungen werden als Episoden im Gedächtnis gesammelt und bilden erste Erinnerungsspuren, in deren Licht dann die neu eintreffenden Erfahrungen bewertet werden und die schon bestehenden Strukturen sich verstärken oder aber sich auch abschwächen können. So entstehen unterschiedliche Erfahrungsmuster in der Beziehung zur Umwelt und den wichtigsten Bezugspersonen. Das Ergebnis sind dann relativ stabile neuronale Netzwerke, Ich-Zustände oder auch Selbst-Anteile, die wie viele unterscheidbare einzelne Atome ein Molekül aufbauen, ein Molekül mit dem Namen »Selbst«. Bei Watkins liest sich das so: »Diese Unterschiede (des Erlebens, J. P.) betrachten wir als ganz normal, aber es handelt sich dabei um Verhaltens- und Erfahrungssyndrome, die sich um ein zentrales Motiv herum ausgeformt haben. Als solches können wir sie als Ich-Zustände betrachten.« (Watkins und Watkins 2003, S. 51)

Diese in der Regel nicht so stark ausdifferenzierten Selbst-Anteile – im Vergleich zu den pathologischen Formen, auf die ich noch zu sprechen komme – dienen der schnellen Anpassung an wechselnde Herausforderungen des täglichen Lebens und erlauben dem Kind Rollenflexibilität. Die normale Entwicklung des Selbst eines Kindes beginnt mit einer Introjektion – einer Verinnerlichung der primären Bezugspersonen und einer sich anschließenden Identifikation mit diesem inneren Zustand. Um physisch zu überleben, muss der Säugling über den Mund ein äußeres, genießbares Objekt, zum Beispiel die Milch der Mutter, in sich aufnehmen und dann assimilieren, das heißt in eigene Körpersubstanz verwandeln. Zum psychischen Überleben braucht der Säugling, um im Bild dieses Verdauungsvorgangs zu bleiben, »genießbare«, also entwicklungsförderliche frühe Bindungspersonen, die er als Bilder und Beziehungserfahrungen mit allen Sinnen in sich aufnimmt und durch »psychische Verdauung« zu einem Teil des eigenen Selbst macht.

Im Laufe der Entwicklung hin zum Erwachsenen schreitet diese normale Differenzierung durch unterschiedliche Beziehungserfahrungen immer weiter fort und es werden immer speziellere Selbst-Anteile im Unbewussten abgespeichert. Jedes dieser Selbste ist ein Bündel von spezifischen Handlungen, Haltungen, Erfahrungen und Gefühlszuständen, die einer Funktion dienen. Und durch Konzentration der Aufmerksamkeit darauf können sie aus dem Unbewussten reaktiviert werden. Genau genommen sind die Auswirkungen von gemachten Beziehungserfahrungen das eingedampfte Konzentrat unseres Erlebens der Vergangenheit in Verbindung mit etwas wichtigem anderen: mein »Ich« in (Bindungs-)Beziehung zu einem Objekt außerhalb von mir, zusammengefügt durch ein bestimmendes Gefühl.

Unsere neurotischen Seiten

In der Regel gelingt es uns während eines Tages, nur die Selbst-Anteile zu aktivieren, die zur Lösung einer Anpassungsleistung, zum Beispiel ein Gespräch beim Chef, zielführend und passend sind – alle anderen auftauchenden Zustände werden weggedrückt (dissoziiert), das heißt an die Grenze unseres Bewusstseins verschoben. Schwierig wird es, wenn der Chef mich unbewusst an meinen Vater erinnert und ein fünfjähriges Jungen-Selbst mit Autoritätsproblematik versucht, ständig das Vorstellungsgespräch zu sabotieren, und sich aufreizend in den Stuhl fläzt und Kaugummi kaut.

Im Laufe der normalen Differenzierung der Selbst-Anteile vom Säugling zum Erwachsenen können sich aber an entscheidenden Knotenpunkten der Lebenslinie schwierige Aufgaben stellen: der nächste Schritt, zum Beispiel die Ablösung von der Familie, die innere Trennung von der wichtigsten Bezugsperson, meist der Mutter, kann aus inneren wie äußeren Gründen misslingen. Das Kind meistert die sogenannte Schwellensituation nicht, zum Beispiel die Einschulung, und vermeidet die stressvolle Beunruhigung durch Flucht in eine weniger konflikthafte Erfahrung aus der Vorzeit. Der Rückschritt in die abhängige Bindung beruhigt fürs Erste das psychische System. Gleichzeitig erfolgt aber eine Gewöhnung an das Vermeidungsverhalten und ein Verlust der bewussten Kontrolle über das Verhalten. Es bildet sich so ein »neurotischer Modus« aus. Dieser vermeidende, ängstliche Selbst-Anteil wird von der weiteren Entwicklung des Kindes abgetrennt und unbewusst fixiert. Dies zeigt sich später in einem rigiden Bindungsschema, einer ängstlich-anklammernden Haltung der Persönlichkeit eines Menschen. Es bildet sich so etwas wie ein »ängstlicher Selbst-Zustand«, ein panischer innerer Kind-Anteil, der unser Handeln, Fühlen und Denken auch als Erwachsener bestimmt, wann immer die Gefahr von Trennungserfahrung sich am Horizont abzeichnet. Dieser Zustand wird immer wieder in neuen Varianten ausgelebt, er verbildert sich in Träumen, verkörpert sich in Symptomen (zum Beispiel in einer Panikstörung) und kann in der Psychotherapie ins Bewusstsein gehoben werden.

Sie müssen sich das wie auf einer inneren Bühne vorstellen: Immer wenn es im Lebensskript um Trennung in jeder Form geht, kommt dieser Teil nach vorn an die Rampe, um seine Botschaft lauthals zu verkünden, die da heißt: Trennung ist Tod, das Ende der Welt naht … ein missionarischer Prediger im Gewand eines Kindes, der es eigentlich nur gut meint. Dieser Teil kann nicht anders, er sieht die Welt durch seine Erfahrungsbrille, auch wenn das andere Teile zu nerven beginnt … Aber davon später mehr.

Die Entstehung des Selbst-Bildes

Wenn ein kleiner Junge bemerkt, dass sein Vater sich immer abwendet, auf kühle Distanz geht oder ungeduldig wird, wenn er körperlichen oder seelischen Schmerz ausdrückt, wird der Junge diesen missbilligenden Vater verinnerlichen. Er wird ihn introjizieren (in sich hineinnehmen), wie wir in der Therapiesprache sagen. Wir machen uns den väterlichen Blick, das väterliche Werturteil über uns zu eigen und der äußere Vater mit seinem verächtlichen Blick wird auf der inneren Bühne als Replikant, als Kopie dieses Vaters aufgerichtet. Ab da sehen wir uns selbst mit den Augen der uns umgebenden, zum Überleben wichtigen Bezugspersonen. Da kann man nur hoffen, dass es noch ein paar andere Menschen gibt, die uns freundlicher und wohlwollender anschauen, ein netter Opa, die liebevolle Mutter usw. – sonst haben wir wenig Chancen, ein gutes Selbstwertgefühl zu bekommen.

Da die Begegnung mit dem Vater von solch hoher Bedeutung für den Jungen ist, wird er um das Bild des verinnerlichten Vaters einen bestimmten Selbst-Zustand organisieren. Er fühlt sich schlecht, abgelehnt und denkt vielleicht: Immer wenn ich weine und traurig bin, mag mich Vater nicht. In ihm tobt ein verzweifelter Kampf um Liebe und die Angst, nicht als Junge von seinem Vater anerkannt zu sein, er leidet an der »Du-bist-nicht-mein-Sohn-Botschaft«. Dieser Selbst-Teil könnte den Namen tragen: »das abgelehnte Kind«. Macht das Kind später mit anderen Menschen ähnliche Erfahrungen, würde sich die Aussage des Selbst-Anteils weiter generalisieren und das Kind könnte denken: Kein Mensch mag mich, wenn ich traurig bin, oder noch schlimmer: Keiner mag mich! Aus der Einzel-Aussage ist eine All-Aussage geworden, was das Selbstbewusstsein des Jungen ziemlich zernagen dürfte.

Menschen mit solchen inneren Kritikern und Fehlerzählern hören regelmäßig in sich die Stimme der Rüge, der Ermahnung und der Entwertung und wissen häufig als Erwachsene gar nicht mehr, wann sie entstanden ist, ob sie eher männlich, weiblich oder sächlich klingt. Viele sind überzeugt, dass die Stimme sie schon zeitlebens begleitet, wie ein Lautsprecher, aus dem »Big Brother« zu ihnen spricht. In diesem Fall bleibt das kritische Dauertonband in meinem Kopf immer getrennt von dem, was ich für mich als Erwachsener richtig oder falsch finde, der Kritiker ist und bleibt ein Fremdkörper – ein Introjekt –, der uns wie ein Stein schwer im Magen liegt. In einer Erziehung, in der viel mit moralischen Bewertungen, Schuldgefühlen und gnadenloser Kritik gearbeitet wurde, überleben diese Erfahrungen in sehr starr organisierten inneren Selbst-Anteilen.

Aber ein Kind verinnerlicht nicht nur den schlechtmachenden Elternteil. Es kann sich auch mit beiden Elternteilen gleichzeitig identifizieren: mit Eltern, die ständig miteinander im Clinch liegen, sich streiten und total entwerten, sich Gewalt antun und prügeln. Dann wird der ganze Konflikt verinnerlicht, diese äußere Dauerstreitkultur wird zu einem inneren Kampf zwischen zwei unterschiedlichen elterlichen Selbst-Anteilen. In diesem Fall können wir nicht von schwierigen inneren Kind-Zuständen sprechen, sondern von schwierigen und rigiden inneren Erwachsenen, die uns das Leben schwermachen.

In anderen Fällen beginnen wir das Introjekt zu verdauen, wir nehmen es wie einen gerade gegessenen Apfel in uns auf, wir identifizieren uns mit seinen Aussagen und die Botschaft wird ein Teil von uns selbst. Der Apfel löst sich im Magen und Darm auf und wird ein Teil unseres Körpers und unserer Lebensenergie. Das passiert auch mit den Botschaften der Eltern, die wir über uns, über andere, über das, was richtig und falsch im Leben ist, verinnerlicht haben. Wir bilden daraus unsere Meinung, unser Gewissen und die Gewissheit zu erkennen, was gut oder böse ist.

Kehren wir zum obigen Beispiel des Jungen und des verächtlich blickenden Vaters zurück, dann könnten wir sagen: Der Junge identifiziert sich mit der Botschaft des Vaters (»Du darfst keine Schwächen zeigen«) und hört auf, darunter zu leiden, denn dieser Satz ist Teil seiner Lebensphilosophie geworden. Er beginnt aber als Erwachsener die eigenen Kinder ähnlich hart und teilnahmslos zu behandeln und gibt zur eigenen Entlastung das ungelöste Männlichkeitsproblem an die nächste Generation weiter. Ein persönlicher Konflikt ist gelöst, aber auf Kosten eines Schwächeren.

Es gibt eine Art »Rauchmelder« in unserem Mittelhirn, der sehr schnell auf jede Form von Gefahr anspringt und Alarm meldet. Diese Struktur hat den poetischen Namen »Amygdala« (Mandelkern). Sie sitzt als paariges Kerngebiet in unserem Temporallappen (Schläfenlappen). Damit Sie sich deren Sitz besser vorstellen können: Auf einer Linie zwischen Ihrem Augenwinkel und dem Ohr nehmen Sie genau die Mitte. Von diesem Punkt geht es ca. drei Zentimeter in die Tiefe.

»Die Amygdala ist wesentlich an der Entstehung der Angst beteiligt und spielt allgemein eine wichtige Rolle bei der emotionalen Bewertung und Wiedererkennung von Situationen sowie der Analyse möglicher Gefahren: Sie verarbeitet externe Impulse und leitet die vegetativen Reaktionen ein. Eine Zerstörung beider Amygdalae führt zum Verlust von Furcht- und Aggressionsempfinden und so zum Zusammenbruch der mitunter lebenswichtigen Warn- und Abwehrreaktionen.«[7]

Die Reize, auf die der Mandelkern besonders stark reagiert, sind ängstliche, wütende oder ärgerliche Gesichter, wie der Neuroforscher Morris 1996 in *Nature* berichtete. In seinen Experimenten wurden Versuchspersonen ärgerliche und fröhliche Gesichter nur für wenige Millisekunden gezeigt. Trotzdem schlug der Gefahrenmelder des Gehirns sofort an: Die Versuchspersonen fühlten sich plötzlich irgendwie bedroht, ohne dass sie das ärgerliche oder wütende Gesicht in der Kürze der Präsentation hätten bewusst wahrnehmen können.

Diese hohe Mimiksensibilität der Amygdala müssen wir in

Erinnerung behalten, wenn wir verstehen wollen, warum der Junge auf den verächtlichen und entwertenden Blick des Vaters so heftig reagiert. Ist das Ganze erst mal gebahnt, das heißt in den Verschaltungen des Gehirns verankert, genügt ein kurzes Heben der Augenbraue eines Menschen, der uns wichtig ist, um die ganze Kaskade von Selbstentwertung, Selbstzweifel und Scham in uns auszulösen. Obwohl wir es gar nicht bewusst mitbekommen, hat das Gehirn das kurze spöttische und entwertende Zucken der Gesichtsmuskeln unseres Gegenübers bemerkt und es steht jetzt Aussage gegen Aussage: Die bewusste Wahrnehmung sagt: Warum die Aufregung, meine Schwiegermutter Helga schaut doch ganz nett! Die unbewusste Wahrnehmung Marke »Mandelkern kriegt alles mit« signalisiert jedoch: Vorsicht, Haiangriff.

Dissoziation I

Durch Traumatisierung wie zum Beispiel Vernachlässigung, physische oder sexuelle Gewalt kann es zur sogenannten Dissoziation kommen: ein Überlebensmechanismus, der unter traumatischem Stress das Weiterleben sichern soll und in diesem Moment höchst funktional ist. Was verstehen wir unter Dissoziation? Es ist ein seelischer Zustand, in dem man sich auf die eine oder andere Weise aus der Realität distanziert, sich von ihr abgetrennt fühlt und entweder tagträumt oder Dinge ausführt, derer man sich nicht ganz bewusst ist. Man funktioniert wie automatisch und hat das Gefühl, man stehe neben sich, die Dinge um einen herum scheinen fremd (Derealisation), manchmal auch der eigene Körper (Depersonalisation).

Ein bestimmtes Maß an »Dissoziation« in unserem Alltag ist normal. Sie entsteht, wenn wir besonders gebannt ein Buch lesen oder ein Fußballspiel im Fernsehen anschauen und dabei alles um uns herum vergessen. Oder ein Mann fährt morgens mit der U-Bahn zur Arbeit, er verpasst die Haltestelle und schreckt aus seinen Gedanken zwei Stationen später plötzlich hoch, weil er den Erinnerungen an das Wochenende mit Petra nachgehangen ist.

Ob wir diese Form der Aufmerksamkeitsfokussierung und Absorption unseres Wachbewusstseins im Alltag auch »Dissoziation« nennen sollen, ist in den letzten Jahren intensiv diskutiert worden. Ich glaube mittlerweile, dass Dissoziation, wie ich es im Folgenden beschreibe, doch etwas völlig anderes ist: eine neurophysiologische Störung der Informationsverarbeitung im Gehirn unter traumatischem Stress und eine Störung unserer Gedächtnissysteme.

In traumatischen Situationen ist Dissoziation ein neurobiologischer Notfallmechanismus, der uns dabei hilft, die schlimmsten Situationen zu überleben. Wir distanzieren uns von einer Situation im Außenraum, die wir nicht ändern können, die uns hilflos und ohnmächtig macht. Wir gehen dann aus uns heraus und stellen uns neben uns, wir sind Beobachter und fühlen nichts mehr, auch keinen Schmerz. Man könnte sagen: Wir gehen in eine distanzierte Beobachterposition und schalten uns auf »cool«.

Bei den sogenannten dissoziativen Störungen müssen wir uns das Ganze viel extremer und den Menschen in seinem Selbst- und Welterleben beeinträchtigter vorstellen. Diese Art der Dissoziation, die Menschen erleben, während sie traumatisiert werden (peritraumatische Dissoziation, »peri« = um herum) oder in der Zeit danach (posttraumatische Dissoziation, »post« = nach), wird von den Beteiligten mehr als eine Form der »Abschaltung«, der Trennung, der Unterbrechung des Zusammenhangs beschrieben. Ich habe von Patienten Schilderungen gehört wie: »Es war, als sei ich auf Autopilot geschaltet, als wäre ich im Nebel verloren gegangen, die Welt um mich herum schien sich aufzulösen und durchsichtig wie Luft zu werden. Als sei um mich plötzlich eine gläserne Wand hochgezogen[8] und ich sei von der Welt getrennt, als gäbe es ein unsichtbares Kräfte-Schild, das mich davon abhält, mit anderen in Kontakt zu treten.« Hält die Abschaltung an, kommt es zu einer Veränderung der Zeit- und Raumwahrnehmung und im extremen Fall bei der Multiplen Persönlichkeit zum Phänomen des »Zeitverlierens« oder des »Zeitsprungs« im Echtzeiterleben, verbunden mit einem Erinnerungsverlust für die Periode des Abgeschaltetseins.

Beschreibend meinen wir also mit Dissoziation ein Phänomen, was sich als Übergang zwischen normaler Alltagsdissoziation auf der einen Seite und pathologischer Dissoziation auf der anderen Seite erstreckt. Die Dissoziation ist zunächst ein für uns alle erfahrbarer Zustand (Alltagsphänomen) und nichts weiter als das Gegenteil von Assoziation. Wenn wir sagen, wir wären mit etwas total assoziiert, meinen wir, dass wir voll in einer Sache aufgehen, voll darauf fokussiert sind. Wir fügen mentale, geistige Inhalte zusammen (assoziieren) und trennen wieder (frakturieren) oder schieben beiseite (dissoziieren), was von unserem Gehirn als zu unwichtig oder zu brisant und überwältigend eingeschätzt wird – ein richtiger Verschiebebahnhof unserer Aufmerksamkeit.

Wie entsteht »Erleben«?

Das scheint mir ein wichtiger Punkt zu sein, an dem ich etwas verweilen möchte: Wie entsteht eigentlich Erleben von Wirklichkeit? Wie entsteht das, was ich mit dem Satz beschreiben kann: »Ich sehe, ich höre, ich rieche, ich denke und fühle usw. Das ist jetzt, hier, und ich bin die Person, die das erlebt!«

Wir können auf neuronaler Ebene, das heißt auf der Ebene des arbeitenden Gehirns, alle unsere Wahrnehmungs- und Erlebnisprozesse beschreiben als den Ausdruck der Aktivitäten unzähliger neuronaler Netzwerke im Gehirn, wobei über unzählige synaptische Verbindungen viele Nervenzellen auch über weite Strecken hin zu neuen Mustern von Neuronen verknüpft werden. Diese »weiten Strecken« sind eigentlich gar nicht so weit: Nach Pöppel (1993) gibt es aufgrund der Fülle neuronaler Verbindungen im Gehirn keine Nervenzelle, die von irgendeiner beliebigen anderen weiter entfernt wäre als nur vier Zwischenschritte. Das heißt, nur vier Verbindungsköpfchen müssen maximal überwunden werden, um überall hinzukommen. Insofern sind auch die subtilsten Gedanken nie weiter als diese vier Schritte von den Emotionen, Trieben und lebenserhaltenden Funktionen entfernt – eigentlich ein sehr eng geknüpftes Netzwerk der Neuronen!

Die Wahrnehmung des bewussten Erlebens geschieht durch *Aufmerksamkeitsfokussierung*, was nichts anderes ist als eine selbst organisierte Form des assoziativen Zusammenfügens von sinnlichen Erlebniselementen. Etwas vereinfacht gesagt: Einzelne sinnliche Erfahrungen, also Sehen, Hören, Schmecken usw., werden mit inneren und äußeren Dialogen, Gefühlen, Körpererleben (zum Beispiel Atmung) und mit den Bewertungen und Bedeutungsgebungen all dieser Einzelbausteine synchron verbunden und in den Arbeitsspeicher unseres Gehirns geladen – wie bei einem Computer. Die Summe all dessen ist das momentan von mir erfahrbare bewusste Erleben des Augenblicks. Die Verbindungen, Verkopplungen nennen wir »Muster«: Erleben ist somit das Ergebnis solcher auf willkürlicher und unwillkürlicher (unbewusster) Ebene zusammengefügter Muster – ein synchronisiertes Feuern von neuronalen Netzwerken.

Das Zusammenfügen all dieser Teile im Arbeitsgedächtnis und die Erfahrung von »Mir ist bewusst, dass eine blaue Teetasse mit köstlichem Gewürztee vor mir steht« dauert 30 Millisekunden. Solche »Systemzustände« sind nach dem Münchner Hirnforscher Ernst Pöppel die kleinste Arbeitseinheit des Gehirns. Solange sie andauern, werden alle einlaufenden Informationen als »gleichzeitig« behandelt – es sind Phasen von Zeitlosigkeit, es gibt kein Vorher oder Nachher. Erst die Verknüpfung dieser kleinen Einheiten erzeugt die Wahrnehmung von Zeit im Gehirn. »Die Zeit fließt nicht, sie stößt sich voran«, sagt Pöppel (1997). Aber davon später mehr, wenn es im Kapitel 8 um die Konstruktion von Gegenwart und Vergangenheit in unserem Gehirn geht.

Zurück zur Aufmerksamkeitsfokussierung und zur Wahrnehmung der Welt um uns herum: Gunther Schmidt meint mit Recht, wir sollten nicht von »Wahr-Nehmung«, sondern von »Wahr-Gebung« sprechen, denn jede Wahrnehmung wird autonom vom Wahrnehmenden – also von mir und natürlich auch von Ihnen – als einem Fokussierungs-»Geber« selektiv gestaltet und damit immer wieder neu konstruiert. Unser Gehirn muss aus vorhandenen Bruchstücken von Wahrnehmung, Vorstellungen und Gedächtnisinhalten ein Muster zusammensetzen. Somit schaffen wir immer wieder neue Inhalte. Und darin steckt die gute Nachricht meiner Ausführungen: Was ein Mensch als Wirklichkeit erlebt, ist das Ergebnis seiner Wahrnehmungsausrichtung. Damit entsteht ein Spielraum, diese Wahrnehmung auch neu- oder umzukonstruieren. So kann sich die Sichtweise unserer Kindheit auch im Laufe der Jahre ändern. Je nach Kontext, das heißt situativen Lebensbedingungen und innerer Aufmerksamkeitsfokussierung, kann das eine mehr in den Vordergrund rücken, dann mal wieder das andere. Damit gelingt es, den Erinnerungen, auch den negativen, je nach Perspektivenauswahl eine solche oder auch eine andere Bedeutung und emotionale Färbung zu geben. Was einmal schlecht war, muss nicht immer schlecht bleiben, vielleicht findet sich in einem späteren Lebensabschnitt eine Neubewertung, die die Erinnerung, wenn nicht ganz, aber doch entscheidend verändert. Unser erwachsenes Selbst ist mit einer beobachtenden Fähigkeit ausgestattet, all dieses zu sehen, zu bewerten und Schlüsse für heute, für das Hier und Jetzt daraus zu ziehen. Wir nennen das den »inneren Beobachter«.

Dabei ist es auch entscheidend, aus welcher Wahrnehmungsposition der »innere Beobachter« das erlebt: Bin ich stark assoziiert, das heißt, klebe ich stark an den gerade erlebten inneren Prozessen, werde ich sie intensiv als einzige Wirklichkeit erleben und psychophysiologisch, also mit dem Körper, heftig reagieren.

Ein Beispiel: Meine Sinne melden mir, der grauschwarze Gegenstand da vorne ist vermutlich doch kein Holzblock, sondern aufgrund meiner Erinnerungen an andere Afrikareisen ein Tier namens Krokodil, und soweit ich mich erinnere, verspeist es gerne Säugetiere meiner Rasse mit Haut und Haar. Diese traumatische Aufmerksamkeitsfokussierung wird abrupt beendet, wenn meine Frau neben mir sagt: »He, wir sind im Zoo und das hier ist ein Krokodil hinter der Glasscheibe.«

Jetzt bin ich besser dissoziiert und ich habe wieder eine hilfreiche Distanz zum Angstobjekt geschaffen. Wenn der Beobachter im aktuellen Fokus auf etwas ausgerichtet ist, was mit leidvollen (Trauma-)Erfahrungen einhergeht, dann hilft ein noch genaueres Betrachten (»um es besser zu verstehen«, sagen viele Patienten) gar nichts. Die Beobachterposition muss sich ändern: von noch mehr assoziiert zu mehr dissoziiert. Im obigen Beispiel: »Komme hierher zurück, du bist nicht in Afrika, das ist der Zoo von Nürnberg und das ist eine Glasscheibe« – Reorientierung auf das Hier und Jetzt und Fokussierung auf meine eigenen Ressourcen und Kompetenzmuster.

Die Bildung von Selbst-Anteilen während des Traumaerlebens

Um eine Situation auswegloser Öde und Verlassenheit zu überleben, kann ein einsames Kind in der Fantasie beginnen, einen Selbst-Anteil auf seiner inneren Bühne zu erfinden, mit dem zusammen es sich nicht mehr einsam fühlt. Es schafft sich so einen imaginären Spielgefährten. Eine Patientin, die eine sehr karge, aber auch grenzüberschreitende, gewalttätige Kindheit mit vielen Narben auf der Seele überlebt hatte, erzählte mir einmal, dass sie und ihr jüngerer Bruder regelmäßig mit kleinen, gepackten Kinderkoffern und Teddybär vor dem Fernseher saßen, wenn Scotty und Captain Kirk vom »Raumschiff Enterprise« auf dem Bildschirm erschienen. Sehnsüchtig warteten sie darauf, endlich von Scotty »hochgebeamt« zu werden – eine kreative Lösung für eine trostlose Situation.

Diese Abspaltung, in Form dieses inneren Freunds / dieser inneren Freundin, die das Überleben in schwierigen Zeiten sichert und Trost spendet, wird häufig zur Zeit der Einschulung verdrängt, ist aber durch späteren traumatischen Stress reaktivierbar – dann aber häufig in bösartiger, bestrafender Form. Diese entwertenden und verfolgenden Selbste finden wir häufig bei Menschen mit physischer und/oder sexueller Gewalterfahrung in der Kindheit, häufig bei Patienten mit der Diagnose »traumaverursachter Borderline-Störungen« und noch deutlicher akzentuiert bei Patienten mit »Multipler Persönlichkeit«.

Nach Watkins und Watkins, den Begründern der »Ego-State-Therapie«, deren Überlegungen ich für meine Arbeit mit der inneren Selbst-Familie viel verdanke, stehen Kindern, die schon von klein auf ausbeuterischen Beziehungen, sexuellen Grenzverletzungen und Gewalt ausgesetzt waren, wenig Handlungsmöglichkeiten zur Verfügung. Eine davon ist, nach den verheerenden Erlebnissen in der Kindheit irgendwann im Leben psychotisch zu werden, sich auf Dauer in eine eigene verrückte Welt zu flüchten, wenn das Maß an Hoffnung auf »bessere Zeiten« aufgebraucht ist. Vielen solchen durch furchtbare Kindheitshöllen schwer beeinträchtigten Menschen bin ich in der Psychiatrie begegnet. Eine andere »Lösung« besteht darin, Selbstmord zu begehen.

Und ein dritter Ausweg, der mich hier besonders interessiert, ist, zu dissoziieren, das heißt zu erstarren, abzuschalten und »einzufrieren«. In diesem Moment geht ein Mensch, um zu überleben, in den Totstellreflex. Die dabei entstehenden Selbste sind für diesen Moment eine kreative Lösung des Problems, aber später Teil des eigentlichen Problems im Erwachsenenalter. So überdauern traumatisierte Selbst-Anteile, schwer misshandelte Kind-Zustände, verlassene, gedemütigte und übererregte Innere Kinder in einem erwachsenen Menschen und stürmen auf die innere Bühne, so sich etwas Unvorhergesehenes, nicht gänzlich Kontrollierbares ereignet.

3

Die Regulation unangenehmer Gefühle

Viele Menschen, die ich in den letzten Jahren in meiner klinischen und ambulanten therapeutischen Arbeit gesprochen und behandelt habe, erzählten mir von einem immer spürbaren und häufig quälenden Gefühl innerer Unruhe, einem Getriebensein und einer inneren Rastlosigkeit. Patienten mit einer sogenannten komplexen Traumafolgestörung nach traumatischen Kindheitserfahrungen klagten über ihre große Schwierigkeit, sich selbst zu beruhigen und sich nach einer kurzen Alltagsstressbelastung schnell wieder »herunterzuregeln« und sich von dem eben Erlebten zu distanzieren. Vielleicht kennen Sie solche Zustände auch und leiden unter diesem schmerzlichen Defizit an Gefühls- und Spannungsregulation. Eine weitere Gruppe von Patienten leidet nicht nur an dieser Emotionsregulation, sondern darüber hinaus auch an der Regulation eigener Impulse, vor allem am Problem, wütende Impulse zu kontrollieren und/oder süchtiges und selbstverletzendes Verhalten zu steuern. Die Folge davon ist, dass diese Betroffenen alles vermeiden, was sie in Richtung gefühlhaftes Erleben eigener innerer Zustände führen könnte, immer mit der Angst, von einer

Woge von Gefühlen weggespült zu werden, wenn sie die Gefühls-Unterdrückungsbremse nur minimal lösen.

Menschen mit der Diagnose einer Borderline-Störung fühlen sich hier besonders angesprochen. Sie leiden unter einer ausgeprägten emotionalen Instabilität, die sie häufig so schildern: »Ich gerate oft in emotionale Anspannungszustände, von denen ich gar nicht weiß oder auch sagen könnte, was für ein Gefühl das ist oder was ich tun müsste, damit es besser wird. Ich kann nur sagen, diese Zustände schießen plötzlich mit hoher Intensität ein, sind so quälend, dass ich die Wände hochgehen könnte, und können sich über Stunden und Tage aufschaukeln und lassen nur ganz langsam nach.«

Heute gehen wir bezüglich der Entstehung dieses Krankheitsbildes von einem multifaktoriellen Geschehen aus, das heißt von einem Zusammenkommen verschiedener Ursachen in der Frühphase eines Menschen. Glaubt man den neueren Ergebnissen aus der Säuglings- und Traumaforschung, so kann die Borderline-Entwicklung neben angeborenen Faktoren zu einem hohen Maß auf wiederholte Kindheitstraumata zurückgeführt werden. Das bedeutet, dass wir die zuvor beschriebene Störung in der Affekt- und Impulsregulation, das Gefühl von großer Verletzbarkeit (wir sagen: Vulnerabilität) als Folge von Verarbeitungsstörungen nach massiven traumatischen Stresssituationen und als Vertrauenserschütterungen in den wichtigen Beziehungen in der Lebensgeschichte verstehen. Um diese Erfahrungen zu meistern und – um es krass zu sagen – um in dieser verrückten Welt zu Hause, im Heim oder wo auch immer zu überleben, entstehen in den Folgejahren kreative Anpassungsleistungen, leider häufig mit entsprechender Symptomatik. Um es noch mal zu betonen: Diese Anpassungsleistungen sind ein kreativer Akt, etwas sehr Wertvolles und damit eine Stärke, eine Ressource eines Menschen, die man nutzen kann. Das ist eine Kompetenz, die unbedingt wertgeschätzt werden muss.

Emotionale Vernachlässigung, sexueller und/oder körperlicher Missbrauch beeinträchtigen die Integration der psychischen Struktur, führen zu Defiziten in der Selbstregulierung und einer befriedigenden und konstruktiven Lebensgestaltung sowie dem schmerzlichen Empfinden eingeschränkter Identität und Selbstwert. Wenn ich hier von Trauma spreche, dann meine ich nicht nur die großen, häufig katastrophalen Ereignisse im Leben eines Menschen, wie Gewalterfahrung, sexuelle Übergriffe oder schwere Vernachlässigung. Diese traumatischen Lebensereignisse fassen wir unter »big-T-Erfahrungen« zusammen. Das große T steht dabei für die Schwere und ungewöhnliche Intensität der Erfahrung. Daneben gibt es aber auch »small-t-Erfahrungen«, denen man vielleicht auf den ersten Blick nicht unbedingt ansieht, dass sie ein Kind oder einen jungen Erwachsenen nachhaltig traumatisieren und schädigen können. Ich denke dabei an verbal missbräuchliche Situationen, ständig nörgelnde Kritik und Entwertung durch Erwachsene (eigentlich reicht schon der entwertende Blick, wie wir oben gesehen haben), an das Gefühl, als Kind in Familie, Kindergarten und Schule immer ausgegrenzt zu sein oder in den Rosenkriegen zerschlissen zu werden, in denen sich Elternteile und deren Anwälte gnadenlos bekämpfen. Der Versuch, die streitenden Eltern zu versöhnen, die Blitz-Weiterbildung in Familientherapie, die oft schon dreijährige Kinder machen müssen, um zu Hause zumindest ihre Haut zu retten, setzt sich dann häufig in der Schule mit Mobbing und Gewalterfahrung fort.

Dies alles mit Blessuren überlebt zu haben, ist aus meiner Sicht erst mal ein Zeichen von Stärke, für die ich viele meiner Patienten bewundere. Eigentlich, so sage ich dann häufig, kann es für sie später als Erwachsene gar nicht mehr schlimmer kommen, das Schlimmste liegt dann schon hinter ihnen. Man hat als Erwachsener viel mehr Möglichkeiten, sich zu wehren, im Vergleich zu dem Kind, das man in dieser toxischen Familienatmosphäre war. Es ist an der Zeit, sich dafür einmal zu gratulieren!

Die Entwicklung von Selbstregulation und Selbstfürsorge

Ein Schlagwort, das Therapeuten in diesem Zusammenhang immer wieder erwähnen und als Therapieziel vorschlagen, ist die Entwicklung von Selbstregulation und Selbstfürsorge. Was ist damit gemeint?

Joachim Küchenhoff, ein bekannter deutschsprachiger Psychotherapeut, versteht unter Selbstfürsorge eine komplexe Fähigkeit, eine Haltung, die eine bestimmte Form des gutwilligen, sorgenden Umgangs mit sich selbst umschreibt. Für ihn ist Selbstfürsorge eine Qualität des Umgangs mit sich selbst, die mit den prägenden, also emotional bedeutsamsten Beziehungserfahrungen im eigenen Leben zu tun hat.[9] Selbstfürsorge ist für mich nicht nur Selbstbemutterung oder selbstverwöhnende Pflege, sondern auch die Fähigkeit zu Abgrenzung, Behauptung und Verständnis im Kontakt mit anderen Menschen. Sie ist ein wichtiger Teil unseres Selbstwertgefühls, unseres Selbstkonzepts, im Alltag häufig auch »Selbstbewusstsein« genannt.

Hier noch die anderen Punkte des Selbstwertgefühls. Zum Selbstwertgefühl gehören

- das realistische Vertrauen in mich selbst und meine Fähigkeiten (Selbstvertrauen),
- die Fähigkeit, Grenzen zu setzen und Nein zu sagen – sowohl nach außen hin zu anderen als auch mir selbst gegenüber,
- die Fähigkeit, sowohl zu geben und auch zu nehmen, ohne in extreme Positionen zu geraten,
- die Fähigkeit, für sich einzustehen und die eigenen Überzeugungen und Wahrheiten zu verteidigen,
- die Fähigkeit, Gefühle rechtzeitig und angemessen auszudrücken,
- die Fähigkeit, den eigenen Körper zu achten und ihn anzunehmen und schließlich
- Respekt sich selbst gegenüber, was Selbstfürsorge und Wille zur Regulation der eigenen Bedürfnisse einschließt.

All das sind Bausteine eines guten Selbstwertgefühls, eines positiven Selbstkonzepts. Jetzt aber zurück zur Selbstfürsorge.

Das Erlernen von Selbstfürsorge ist an wohlwollende, fördernde Beziehungserfahrungen und Beziehungsmöglichkeiten gebunden. Es braucht bestimmte Voraussetzungen, damit Selbstfürsorge sich in einem kleinen Kind entwickeln kann. Aus der Säuglingsforschung wissen wir, wie wichtig frühe Interaktionen für die gelungene Entwicklung des Selbst eines Menschen sind. Wir dürfen nicht vergessen, dass bestimmte Strukturen des Gehirns erst zwischen dem 19. und 24. Lebensmonat ausreifen, die für das Gedächtnis und das Prägen von Bilderinnerungen maßgeblich sind. Die grundlegenden Erfahrungen der Frühzeit, besonders in den ersten Lebensmonaten, werden vor allem leiblich erlebt, das heißt im Körpergedächtnis abgelegt. Das ist wie ein hilfreicher basaler Selbst-Anteil, den man vielleicht als verlässliche innere Stärke oder basales Selbstvertrauen bezeichnen könnte.

Gelingt diese Verinnerlichung der »guten Mutter« oder des »guten Vaters« als verlässlichen Regulator von Spannungszuständen, als friedlich summende Beruhigerin, wenn der Bauch zwickt, als »In-den-Schlaf-Schauklerin«, wenn alles wieder so verwirrend und aufregend ist, dann kann der Säugling aus diesen Interaktionserfahrungen ein sicheres Gefühl für sich selbst entwickeln. Er schafft in sich eine innere Vorstellung vom anderen als einem sicheren Begleiter, ein inneres Bild, welches auch in Zeiten des Alleinseins aufrechterhalten werden und zur Beruhigung beitragen kann.

Neben jeder erstbesten Möglichkeit im Leben gibt es immer eine zweitbeste: Warum sollten Sie nicht heute damit beginnen, für sich die Mutter, der Vater, die liebevollen Eltern zu sein, die Sie damals vermissen mussten? Sie können auch weiter in der Vergangenheit graben und sich mit Recht über so wenig Unterstützung beschweren und wütend sein und die Gegenwartsmisere aus den Versäumnissen der Vergangenheit betrachten. Das alles können Sie tun – haben Sie vielleicht auch lange getan, weil Sie keine Alternative sahen. Das ist völlig in Ordnung so!

Sie können sich aber auch entschließen, die Sache nun selbst in die Hand zu nehmen. Damit wir uns recht verstehen: Wenn Sie heute anfangen, etwas an Ihrem Leben und an sich selbst zu verändern, dann bedeutet das nicht, dass Sie dafür diejenigen, die Ihnen die ganze Suppe eingebrockt haben, entschuldigen und von deren Verantwortung freisprechen. Die Schuldfrage, so diese für Sie wichtig ist, bleibt davon ganz unbenommen. Eine Auseinandersetzung mit den Gespenstern der Vergangenheit gelingt sicher umso besser, je stabiler Sie sind und je mehr Selbststeuerung Sie besitzen.

Selbstverantwortung übernehmen

Zur Verbesserung der eigenen Gefühlsregulation möchte ich Ihnen einige grundlegende Ideen nahebringen und dann Übungen zu deren Umsetzung vorschlagen. Dieses Buch kann natürlich nicht eine Skillsgruppe[10] nach dem DBT-Modell (Dialektisch Behavioriale Therapie) von Marsha Linehan ersetzen, sondern nur Anregungen geben.

Am meisten, so vermute ich, wird es Sie stören, dass Sie sich im Umgang mit Stress und überflutenden Emotionen so hilflos und klein fühlen und keinen Weg finden, aufkeimende Spannungszustände zu reduzieren, die bisher nach dem »Alles-oder-nichts«-Prinzip ablaufen. Das ist verständlich, da ja die absolute Hilflosigkeit, der Kontrollverlust und häufig starke, die Existenz bedrohende Ängste genau das sind, was traumatische Situationen vom normalen Stresserleben unterscheidet. Als Folge von früh wiederkehrender körperlicher, sexueller und emotionaler Gewalt entstehen nachweisbare neurobiologische Defizite, die für die Probleme mit der Stress-, Spannungs- und Emotionsregulation verantwortlich sind.

Die neurobiologische Traumaforschung hat herausgefunden, dass es dann zu einer Überaktivität in entwicklungsgeschichtlich alten Mittelhirnbereichen kommt – gemeint ist das schon zuvor erwähnte limbische System und vor allem die Amygdala –, die für Angst- und Fluchtreaktion und für die Gefahrenbeurteilung zuständig sind. Gleichzeitig ergibt sich eine Unteraktivität neuerer Hirnstrukturen im sogenannten Kortex, die eigentlich diese übernervösen »Gefahrenwächter« hemmen sollten. Es ist, als sei Ihr Gehirn ständig in höchster Alarmbereitschaft, was aufgrund Ihrer Erfahrungen auch nicht verwunderlich ist. Die »vernünftigen« und handlungsplanenden Teile, die sich hinter Ihrer Stirn im sogenannten Frontalhirn befinden, haben wenig Chancen, sich mit ihrer Bewertung der Situation durchzusetzen. Um diese buchstäbliche »Kopflosigkeit« zu verändern, muss es ab jetzt Ihr Ziel sein, Ihre erwachsene Seite zu stärken, Ihre Fähigkeit zu erhöhen, Auslöser für Stressreaktionen bewusst zu erkennen, und zielgerichtet Selbstberuhigungsstrategien zu erlernen. Wo bisher chaotisches, reflexartiges Reagieren aus dem Bauch heraus vorherrschte, soll sich jetzt bewusste Kontrolle des Augenblicks einstellen.

Noch mal: Ich weiß, Sie haben das Problem nicht verursacht und tragen dafür auch keine Schuld. Aber Sie tragen als Erwachsener die Verantwortung dafür, das Beste daraus zu machen. Und das Beste ist nun mal, dass Sie Ihre Sache selbst in die Hand nehmen. Das mag ungerecht erscheinen, aber es hilft nicht, nur zu klagen – das macht die Sache sicher nicht besser.

Achtsamkeit, Selbstachtung und positive Gefühle im Alltag

Damit dieses »Es kommt so über mich«, »Es passiert einfach« Sie weniger erschrecken kann, ist es hilfreich, bewusster und aufmerksamer im Hier und Jetzt zu sein. Dabei haben die Konzepte der Traumatherapie, die in den letzten Jahren in Deutschland entwickelt wurden, viel von den jahrhundertealten Weisheiten der fernöstlichen Meditation und des Yoga übernommen. An erster Stelle steht für mich dabei die Kultivierung positiver Gefühle in Ihrem Lebensalltag. Wie wäre es mit Achtsamkeitsübungen, wie sie zum Bespiel von Luise Reddemann (2004) beschrieben wurden oder sich auf sehr informativen Seiten über »innere Achtsamkeit« im Internet finden?[11] Um Ihre eigene innere Achtsamkeit zu trainieren und sie Schritt für Schritt zu verbessern, müssen Sie Antennen für Ihr inneres Erleben entwickeln, ein Lernvorgang, für den Zeit und eine gewisse Grundbereitschaft vonnöten sind.

Es beginnt damit, dass Sie sich vornehmen, das, was Sie gerade sehen oder hören – das Wahrgenommene –, nicht direkt zu bewerten, sondern einfach nur zu beobachten, zu registrieren und geschehen zu lassen. Bewertungen beruhen teilweise auf Vorurteilen und können verhindern, dass wir wichtige Informationen, die sich in Nebenaspekten verbergen, nicht erkennen.

Wenn Sie sich schlecht fühlen, bemerken Sie sicher auch, dass Ihr Selbstbewusstsein und Ihre Selbstachtung beeinträchtigt sind. Wenn Ihnen dann wieder einmal etwas nicht gelingt und Sie enttäuscht sind, treten oft Scham- und Schuldgefühle auf, die zusätzlich Ihre Selbstachtung beeinträchtigen. So entwickelt sich ein Teufelskreis, bei dem die Selbstentwertung zu inneren Spannungen und zu steigendem Stresspegel führt. Diese werden häufig durch selbstschädigende Verhaltensweisen wie übermäßiges Essen, Alkohol, Drogen und Selbstverletzung aufzulösen versucht, wodurch in der Folge neue Schuld- und Schamgefühle entstehen. Was guttut, sind eine gesteigerte Selbstachtung, ein gesundes Selbstvertrauen in Ihre erwachsenen Fähigkeiten. Dadurch können Sie erleben, dass die eigenen Handlungen und Gedanken ein wirkmächtiges Mittel sind, um notwendige Veränderungen herbeizuführen.

Ich möchte Ihnen dazu eine kleine Übung vorschlagen:

Vorbemerkung: In der Einleitung hatte ich von der hilfreichen Fähigkeit gesprochen, uns einen Schritt neben uns selbst zu stellen und uns bei unserem Denken, Handeln und Fühlen zu beobachten. Ich hatte dabei die aus dem Zen stammende Erkenntnis erwähnt: Wenn ich etwas beobachte, zum Beispiel mein Gefühl der Gekränktheit oder der Wut, dann bin ich mehr als diese meine Wut usw. Diese Position, aus der wir beobachten, ohne gleich zu bewerten und zu handeln, nennen wir den »inneren Beobachter« oder das beobachtende Selbst. Ich werde an anderen Stellen immer wieder auf dieses Konzept zurückkommen.

Bitte machen Sie es sich bequem und schließen Sie die Augen oder schauen Sie auf einen Punkt vor sich auf dem Boden oder an der Wand.

Nehmen Sie jetzt die Position eines inneren Beobachters ein und stellen Sie sich vor, Sie hätten den Wunsch, sich so genau wie nur möglich zu beobachten. Vielleicht hilft es Ihnen, sich vorzustellen, Sie seien innerlich an Ihrem höchsten Punkt, vielleicht so kurz unter der Schädeldecke, und würden wie von einem Hochsitz auf sich herunterschauen.

Schritt 1: Sie nehmen Ihre Gedanken wahr und die damit verbundenen Gefühle, Körperempfindungen, Ihre Handlungsimpulse und Ihre Körperspannung in den Muskeln usw. Sie nehmen nur wahr, ohne zu bewerten, zu kritisieren oder etwas ändern zu wollen. Wenn Sie sich jetzt gerade denken: »So ein albernes Zeug« und sich gelangweilt fühlen oder ärgerlich, lassen Sie es einfach zu und werden Sie neugierig darauf, was Sie noch alles in Verbindung zu dieser Langeweile oder Ärger entdecken können. Welche Körpergefühle gehören dazu, welche inneren Bilder und welche Handlungsimpulse? Wo ziehen sich die Muskeln zusammen und wo nicht? Welche Gedanken, Bilder, Gefühle entstehen jetzt in diesem Augenblick in Ihnen?

Schritt 2: Wenn Sie es geschafft haben, sich durch die Einnahme der Position des »inneren Beobachters« von den mentalen Zuständen dieses Augenblicks zu distanzieren – das heißt, die Identifikation damit ein Stück zurückzunehmen (Dis-Identifikation) –, dann fangen Sie an, diese Gedanken, Gefühle usw. zu benennen. Und zwar nicht einfach nur: »Ich denke nach« oder »Ich bin ärgerlich«, sondern: »Ich denke darüber nach, ob ich die Übung mitmachen soll« und »Ich bin ärgerlich, dass mir ständig Gedanken durch den Kopf gehen und ich nichts richtig mache« usw. Wenn es in Ihrem Kopf durcheinandergeht und alles kreuz und quer schießt, dann nennen Sie das einfach »Chaos« oder »Verwirrung« und sagen sich: »Ich merke, in mir ist eine große Verwirrung und das macht mich schwindelig.«

Menschen, die meditieren, haben folgende Erfahrung gemacht: Wenn man die Gedanken sorgfältig »etikettiert«, so wie ich es gerade beschrieben habe, fangen die Gedanken an sich zu beruhigen. Wir müssen gar nicht krampfhaft versuchen, sie loszuwerden, sie treten von selbst langsam in den Hintergrund.

Über diesen inneren Selbstbeobachter in uns noch ein Zitat von Charlotte Joko Beck, der Leiterin des San Diego Zen Centers: »Wenn ich meinen Geist und meinen Körper in zornigem Zustand beobachten kann, wer ist dieses Ich, das dann beobachtet? Es zeigt mir, dass ich etwas anderes bin als meine Wut, dass ich größer als meine Wut bin, und dieses Wissen befähigt mich, ein größeres Gefäß entstehen zu lassen, zu wachsen. Deshalb muss die Fähigkeit zu beobachten stärker werden. Was sie beobachtet, ist immer sekundär. Es ist nicht wichtig, dass wir in Erregung geraten; wichtig ist die Fähigkeit, diese Erregung zu beobachten.« (Beck 2000, S. 85)

Diese kleine Übung empfehle ich, immer wieder zu probieren, auch wenn es nicht von Anfang an klappt und es sich in Ihrem Inneren anfühlt, als ginge alles durcheinander: Gefühle, Gedanken, Geräusche, die Sie hören, und dann wieder Körperempfindungen usw. Manchmal kommt es einem vor, als hätten wir viele Fernsehkanäle in uns und irgendjemand, nicht wir selbst, zappte von einem Fernsehprogramm zum anderen. Oder wir stünden vor einem Wasserfall und alles käme ungebremst auf uns herunter. Das ist alles in Ordnung, nehmen Sie es einfach, so wie es ist: Wie es ist, ist es okay!

Aber vielleicht kriegen Sie beim nächsten Mal die Fernbedienung für einen Moment zu fassen und »entschleunigen« das Ganze: Sie gehen in die Beobachterposition und sagen sich: Ach ja, das sind meine Gedanken … ach ja, das sind Geräusche … ach ja, das sind Erinnerungen usw. Ich garantiere Ihnen, wenn Sie das regelmäßig üben, werden Sie immer besser darin, Ihre Gedanken, Ihre Gefühle, Ihre Erinnerungen zu beruhigen, und Sie können beginnen, die Programme auszuwählen, die Sie sich wirklich ansehen wollen: Ich kann meine inneren Kinoprogramme beobachten und steuern, deshalb bin ich mehr als mein »Hirnkino«.

Auf der Suche nach mehr Selbstwert

Fast alle von uns wünschen sich mehr Selbstwert, mehr Selbstbewusstsein – mit diesem Bedürfnis stehen Sie nicht alleine. Wie kann das gelingen?

Als wir noch ganz klein waren, war es der sprichwörtliche »Glanz im Auge der Mutter«, der uns bestätigte, der uns ermutigte, nach jedem Hinfallen immer wieder aufzustehen und es noch einmal zu probieren. Selbstwert entstand durch die Bestätigung von außen, wir begannen uns so zu sehen, wie andere uns sahen. Das wirkt auch heute noch, aber nicht mehr so tief greifend. Heute müssen wir selbst auf die Suche danach gehen, was wir alle als ungenutzte und unentdeckte Stärken in uns haben. Meine Ausbildung in Hypnotherapie hat mich gelehrt, dass es richtig ist, von der positiven Annahme auszugehen, dass wir wirklich all diese Stärken, Fähigkeiten oder neudeutsch »Ressourcen« in uns haben – wir müssen nur lernen, sie zu entdecken und zu nutzen.

Diese Ressourcen zu entdecken, wird unsere Selbstachtung

erhöhen. Was es braucht, ist ein radikal neues Denken: Keine Situation, in der ich stecke, keine Krise, die mich beutelt, ist nur schlecht. Jede Situation ist selten eindeutig. Immer gibt es ein Pro und ein Kontra, es gibt positive wie negative Aspekte. Wie es gelingen kann, konsequent die Aufmerksamkeit auf das halb volle und nicht auf das halb leere Glas zu konzentrieren, werde ich in den folgenden Kapiteln immer wieder zum Thema machen. Hier vorab schon ein paar Ratschläge:

- Versuchen Sie in Krisen ganz radikal immer auch die positiven Aspekte zu benennen, vielleicht ergeben sich Hinweise auf eigene Stärken und mögliche Potenziale.
- Untersuchen Sie Ihre Lebensgeschichte auf verborgene Stärken, häufig verbergen sie sich hinter witzigen Erzählungen und Erinnerungen, die in der Familie erzählt werden.
- Die Tatsache, dass Sie dieses Buch lesen, zeigt, dass es in Ihnen einen Selbst-Anteil gibt, der neugierig darauf ist, sich zu verändern.
- Erinnern Sie sich ganz bewusst an Menschen, die Ihnen im Leben wichtig waren, an kleine Begegnungen, ein aufmunterndes Lächeln von jemandem in der Straßenbahn, an einen Lehrer in der Schule, der Sie gefördert hat, an jemand im Sportverein, in der Kirchengemeinde.

All das kann Ihre innere Stärke erhöhen. Selbstachtung und innere Achtsamkeit lassen sich in vielen Situationen des Alltags trainieren. Es kann hilfreich sein, allein zu diesem Zweck bestimmte Aktivitäten zu planen, durchzuführen und entsprechend auszuwerten. Dabei sollte die Konzentration auf das innere Erleben gerichtet sein, und zwar eben mit dem Schwerpunkt, die eigenen Fähigkeiten hier und jetzt zu entdecken.

Um uns noch mehr darauf zu programmieren, die vorhandenen Ressourcen zu identifizieren, zu stärken und zu nutzen, empfehle ich meinen Patienten einen Vorschlag von Luise Reddemann: Was spricht dagegen, sich jeden Tag am Abend etwas Zeit zu nehmen und den Tag aus der Ressourcensicht noch einmal vor dem inneren Auge ablaufen zu lassen? Was ist mir gelungen, wo habe ich meine Stärken für mich und auch für andere nutzen können und was möchte ich noch weiter verbessern? Das alles sollten Sie in ein eigenes Tagebuch schreiben, das Luise Reddemann das »Glückstagebuch« nennt. Sie können auch daraus ein Ritual machen, sich immer zu einer bestimmten Zeit am Abend an einen für Sie sicheren und angenehmen Ort der Wohnung zurückziehen, dort eine innere Fantasiereise zu einem Ort in Ihrer Innenwelt machen, an dem es Ihnen nur gut geht, und dann einen Eintrag in Ihr Freudetagebuch machen. Auch wenn Sie zuerst meinen, nicht so viel aufschreiben zu können: Haben Sie Geduld, Sie müssen erst lernen, sich selbst mit Ihrer »Stärken-Brille« und nicht mit Ihrer »Defizit Brille« zu betrachten.

Was tun bei erhöhter Stressbelastung?

Um in einer Phase erhöhter Stressbelastung die Emotionsregulation zu verbessern, sollten Sie sich fragen: Was kann ich jetzt tun, um eine kognitive Kontrolle über meine Reaktionen wiederzuerlangen? Das Erste ist, alles zu tun, um nicht noch weiter in einen Zustand hilflosen Ausgeliefertseins und verstärkter innerer Anspannung hineinzugeraten.

Die Strategie Nummer eins heißt: Finden Sie heraus, auf welche Triggerreize von außen und/oder von innen Sie gerade mit zunehmender Verwirrung und »Kopflosigkeit« reagieren. Diese Trigger- oder Auslösereize für Ihre traumatische Stressreaktion sollten Sie sich bewusst machen und Ihr erwachsenes Selbst sollte schleunigst Strategien zu deren Vermeidung oder Neutralisierung entwickeln. Häufig ist es bei zwischenmenschlichen Konflikten das einzig Richtige, die Situation räumlich zu verlassen, das Feld zu räumen, um eine sich aufschaukelnde Eskalation zu vermeiden. Das beinhaltet häufig ein Problem, weil damit auch ein Verzicht von Ihrer Seite verbunden ist: Sie müssen jetzt darauf verzichten, das vom Partner, den Eltern usw. zu bekommen, was Sie bisher mit hohem emotionalen Einsatz versuchten zu bekommen: Liebe, Anerkennung, eine Entschuldigung, körperliche Nähe. Jetzt ist Schluss, bis hierher und nicht weiter, vielleicht ein andermal, heißt die Marschrichtung.

Wenn Sie diese Trennung geschafft haben, beginnt die Reorientierung, das heißt Sie versuchen sich mit aller Macht im Hier und Jetzt zu halten. Dazu müssen Sie Ihren kognitiven Fähigkeiten vertrauen und sich ganz auf den Moment, Ihren Körper und die Welt um Sie herum fokussieren. Sie können Ihre Sinne stimulieren, indem Sie sich starken Sinnesreizen aussetzen. Hören Sie über Kopfhörer laut Ihre Lieblingsmusik, zählen Sie die Fenster am Haus gegenüber, lutschen Sie ein extrastarkes »Fisherman's Friend« oder Chili-Gummibärchen usw. Es tut auch gut, hin und her zu laufen, Körperübungen zu machen, die Laufschuhe anzuziehen und zu walken oder zu joggen. Wenn Sie schon die

Achtsamkeitsübungen gut trainiert haben, können Sie anfangen, laut zu beschreiben, was Sie alles in Ihrer Nähe sehen, hören usw. Je genauer Sie wahrnehmen und detailliert laut beschreiben, umso besser. Sie können das so machen:

- Vier Dinge, die ich sehe: »Ich sehe das geschlossene Fenster«, »Ich sehe die grünen Blätter der Yuccapalme« usw.
- Dann vier Dinge, die ich höre: »Ich höre Geräusche von Autos auf der Straße«, »Ich höre das Ticken der Wanduhr« usw.
- Dann drei Dinge, zwei Dinge und dann je eines.

Wenn Sie noch nicht ganz in der Realität sind, dann beginnen Sie das Ganze von vorn oder Sie fangen an, von 100 rückwärts immer 7 abzuziehen. In der Regel hilft dieses Vorgehen, um aus dem Film, in den Sie gerade hineingeraten waren, auszusteigen.

Falls das alles nicht hilft, sollten Sie sich therapeutische Hilfe holen, um noch andere antidissoziative Techniken zu lernen, um in hoher und sehr hoher Stressbelastung eine rasche Reorientierung im Hier und Jetzt zu erreichen. Viele dieser Übungen müssen mit dem Therapeuten zuerst im geschützten Rahmen der Therapie geübt werden, andere müssen speziell für Ihre Bedürfnisse angepasst werden. Dennoch, für alles, was ich in diesem Kapitel geschrieben habe, gilt: Sie müssen Expertin und Experte in eigener Sache werden und es geht nicht ohne üben, üben und nochmals üben. Wenn Ihnen irgendjemand versprochen hat, dass das mit der Selbstberuhigung ganz schnell, sofort und mühelos geht, im Schnellkurs sozusagen … alles ganz easy …, dann hat man Sie und Ihr Problem nicht wirklich ernst genommen.

4

Innere Kinder

Jetzt gehe ich einmal davon aus, dass es der erwachsene Teil in Ihnen ist, der gerade diese Zeilen liest und vielleicht aufgrund der Überschrift auch ein bisschen neugierig auf dieses vierte Kapitel geworden ist. Wenn Sie aber ganz genau in sich hineinhören, dann gibt es da vielleicht noch einen anderen Teil in Ihnen, der Ihnen jetzt beim Lesen über die Schulter schaut und Sie vielleicht gerade denken lässt: »So ein doofes Zeug, ich möchte lieber Spaß und Party!«: ein viel oder sehr viel jüngerer Teil von Ihnen – nennen wir diesen Teil von Ihnen einfach Ihren inneren Kind-Anteil.

Damit wir uns recht verstehen: Sie haben natürlich kein reales Kind in sich – außer Sie sind eine Frau und gerade schwanger –, Sie sind auch nicht verrückt oder psychotisch, sondern das Ganze ist eine modellhafte Betrachtungsweise. Es ist ein Bild für einen Erlebniszustand, in den Sie sich willkürlich hineinversetzen können oder der sich Ihnen einfach ungefragt aufdrängt. Sie erleben sich dann nicht mehr erwachsen, sondern mehr wie ein Kind oder ein Jugendlicher und haben plötzlich ganz lebendig wieder Zugang zu den im Gedächtnis abgespeicherten Gefühlen, Erinnerungen und Erfahrungen aus der eigenen Kindheit.

Wenn man das von außen beschreiben würde, was da passiert, könnte man sagen: Sie haben sich aufgespalten: in einen beobachtenden, reflektierenden inneren Erwachsenen-Ich-Anteil und dem erlebenden inneren Kind-Anteil. So eine Auftrennung in einen erlebenden Teil und einen beobachtenden und reflektierenden Teil ist im Alltag und in der Therapie von großer Bedeutung. Dinge nur zu erleben, ohne sie in einen Gesamtzusammenhang des Lebens einordnen zu können, ist wenig hilfreich. Nur darüber nachzudenken, was man/frau alles ändern könnte, ist genauso wenig von Erfolg gekrönt. Das ist dann so wie im Witz von dem Mann, der jahrelang dreimal die Woche wegen Einnässens in Psychoanalyse war und den ein Freund am Ende fragt: »Na, hat's geholfen, nässt du immer noch ein?« Worauf der Mann antwortete: »Ja, schon, aber ich weiß jetzt, warum.« Damit das nicht passiert, benötigen wir beides: Wir brauchen einen Zugang zu unseren Gefühlen, zu unserem Erleben, zu unseren inneren Kind-Seiten, daneben aber auch die notwendige Distanz, um aus einer reflektierenden Erwachsenenperspektive, als ein innerer Beobachter das Erlebte zu betrachten und zu bewerten.

Um das Thema nicht zu sehr zu vereinfachen und esoterisch zu überfrachten, schlage ich folgende Sprachregelung vor: Wenn wir ganz exakt sind, müssen wir von »inneren Kind-Zuständen« sprechen, also Aktivitätszuständen unseres Gehirns, in denen Zugang zu bewussten und unbewussten Erinnerungsnetzwerken besteht, die wichtige Phasen unseres Kind- und Jugendalters beschreiben. Es gibt verschiedene »innere Kind-Zustände«, die für herausragende Erfahrung in unserer Entwicklung bis hin zum Erwachsenen stehen – dazu später mehr.

Wie entstehen »Innere Kinder«?

Alle sich häufig wiederholenden Erfahrungen in unserem Leben mit wichtigen Menschen werden als *Episoden* im Gedächtnis gesammelt und bilden erste Erinnerungsspuren, in deren Licht dann die später neu eintreffenden Erfahrungen bewertet werden. Auf diese Weise werden die schon bestehenden Strukturen durch identische Erfahrungen verstärkt oder aber durch neue Erfahrungen abgeschwächt. Auf diese Weise entstehen unterschiedliche Erfahrungsmuster in der Beziehung zur Umwelt und zu den wichtigsten Bezugspersonen.

Werden diese Einzel-Episoden wie zum Beispiel Füttern, Schaukeln, Wickeln, Trösten, Kränken/Verletzen oder Schmerzenzufügen beim Baby immer wieder durchlaufen, so überdecken sich die einzelnen Episoden und generalisieren Muster: Wir nennen das die *Erinnerungsbilder generalisierter Beziehungserfahrungen*. Die große Vielfalt dieser episodischen Abbilder der Beziehungserfahrung mit Mutter, Vater und Co., die sich im Laufe unseres Lebens ereignen, werden zu Clustern (engl. cluster = Traube, Bündel, Schwarm, Haufen) immer komplexerer Systeme organisiert und bei jedem neuen Interaktionsdurchlauf überprüft, neu bewertet und reorganisiert. Entsprechend der Ähnlichkeit und assoziativen Verknüpfung werden wie gesagt Muster gebildet. Diese abstrahierte Verdichtung nennt man eine *prototypische Repräsentanz*, sagen wir einfacher: einen inneren Kind-Zustand.

So wird aus einer Einzelbewertung (»Das hast du schlecht gemacht«), die ein Mensch erfahren hat, Schritt für Schritt eine All-Aussage (»Alle lehnen mich ab«). So ein Inneres Kind in einem Menschen würde, wenn man mit ihm in einen inneren Dialog geht, zu einem sagen: »Keiner mag mich, ich fühle mich von allen total abgelehnt, die finden mich nur doof.« Diese Erfahrung bildet dann den Ich-Zustand des abgelehnten Kindes, den wir aus unserem unbewussten Gedächtnis abrufen und mit autobiografischem Material in eine Erzählgeschichte über unser Leben verbinden. Das Alter dieses Inneren Kindes entspräche dann dem Zeitpunkt der Kindheit oder Jugend, an dem die heute erwachsene Person unter dieser Ablehnung am meisten gelitten hat.

Lassen Sie mich das an einem Beispiel verdeutlichen:

Paula, heute 26 Jahre alt, wurde von ihrer Mutter im zweiten Lebensjahr verlassen. Sie kam zuerst in ein Kinderheim, später in eine Pflegefamilie und hat aus wiederholten Erfahrungen gelernt, dass es besser ist, niemandem zu vertrauen und hinter einem Lächeln immer die Ablehnung zu erwarten. Als sie sich mit 25 Jahren erstmals verliebte, bemerkte sie, dass immer dann, wenn sie Gefühle von Nähe und Sehnsucht nach Bindung zuließ, sie in Panik geriet und aus der Umarmung eines Mannes nur noch in den totalen Rückzug flüchten konnte. In ihr war ein sehr einsames, misstrauisches zwei- bis dreijähriges kleines Mädchen (von ihr »Paulinchen« genannt), welches sofort alarmiert war, wenn sich Paula für einen Mann interessierte. In dem Moment sah Paula die Welt durch die Augen des kleinen verschreckten Paulinchens und alle erwachsene Vernunft war wie weggeblasen. Diese inneren Kind-Anteile sind in ihrer Entwicklung eingefroren in einer Zeit, in der sie entstanden sind, und sehen naturgemäß die Situation von heute mit den Augen und den Erwartungen von damals.

Wenn man verstehen will, warum der Kind-Anteil sich so verhält, könnte man sagen: Die Inneren Kinder können gar nicht anders und meinen es letztlich nur gut: Sie wollen den Erwachsenen vor einer vermeintlichen Gefahr schützen, und zwar aus der Sicht der Zweijährigen. Aus einem Inneren Kind ist ein hoch kompetenter Wächter, ein Spezialist für Bindungssehnsucht und Verlustangst geworden.

Das Ziel, dass ich mit dem Gebrauch solcher modellhafter Vorstellungen vom Inneren Kind verbinde, ist, eine verständliche, nachvollziehbare und handhabbare Beschreibung innerer Prozesse zu liefern. Es geht nicht darum, die ganze Komplexität psychodynamischer Theorien auf ein simples Modell zu reduzieren, mit dem Anspruch, damit gleichzeitig alles zu erklären.

Schöne innere Kind-Erinnerungen

Ein positiver innerer Kind-Zustand ist mehr als nur eine schöne Erinnerung aus unserem Langzeitgedächtnis an einen schönen Augenblick in unserer Kindheit. Es ist mehr als nur ein Bild aus der Vergangenheit, es ist, wie der Name schon sagt, ein Zustand mit einem in sich geschlossenen Empfindungs- und Handlungssystem – wir könnten sagen: ein Erlebniszustand. Wir sind wieder ganz in der Rolle von damals, und weil sie uns so lebendig, so vertraut erscheint, ist sie mehr als eine Rolle, sie ist eine psychologische Realität.

Diese kindlichen Seiten in uns zu entdecken und zu pflegen, ist für einen Erwachsenen von unschätzbarem Wert. Wir Psychotherapeuten nennen das die *kontrollierte Regression* (übersetzbar mit »zurückgehen«) in einen heilsamen kindlichen Zustand. Diese Zustände von damals, in denen es uns richtig gut gegangen ist, können uns heute Kraftquellen sein, uns richtig zu spüren, Freude am Entdecken und Erforschen von Neuem zu haben oder uns ganz einfach nur wohlzufühlen.

Denken Sie nur daran, wie viel Spaß es auch Erwachsenen macht, mit Gummistiefeln durch Pfützen und Dreck zu waten, sodass es richtig spritzt und platscht, kleine Gegenstände aus dem Dreck aufzusammeln. Dabei ertappt man sich beim Summen eines Liedes von damals und fühlt sich irgendwie frei – dabei sind noch 20 andere »große Kinder« dabei, und das Ganze nennt sich Wattwanderung. Und erst diese Verkleidung am Samstag auf dem Fußballplatz, mit diesen seltsamen Schals und den Trikots mit Namen von Menschen drauf, die man nie gesprochen hat und eigentlich nur dem Namen nach kennt … macht nichts, der Junge in uns hat seinen Spaß!

Es gibt aber auch ruhigere innere Kind-Zustände, die in unserem Alltag ihren Platz haben sollten: sich verwöhnen mit einer Tasse Tee oder Kakao, ein Entspannungsbad mit duftendem Badeöl oder ein schönes Buch lesen, eingekuschelt in der Lieblingsdecke auf dem Sofa. Natürlich können wir Erwachsene auch dafür sorgen, dass es uns gut geht, wir gehen wandern in der Natur, buchen ein Wellnesswochenende oder leisten uns die besten Plätze in der Oper. Aber wenn wir genau hinschauen, würden wir die alten kindlichen Bedürfnisse nur in anderer Verpackung wiederfinden: der Wunsch, uns sicher zu fühlen, äußerlich oder innerlich mit anderen verbunden und ein bisschen neugierig auf das Leben zu sein. Diese positiven inneren Kind-Zustände uns regelmäßig zu gönnen, ist Teil unserer Selbstfürsorge und wohlverstandener Selbstliebe.

Je nach Alter und Geschlecht des Inneren Kindes in Ihnen,

welches die angenehmen Zustände zurückbringt, werden sich die Tätigkeiten unterscheiden: Für Säuglinge gelten andere Dinge als wohltuend als für ein Kleinkind oder einen Jungen oder Mädchen von drei bis sechs Jahren. Auch der Innere Jugendliche in uns hat so seine Vorlieben, was er genießt und gerne tut.

Bevor ich später noch mehr auf die Selbstbemutterung oder Selbstbeväterung eingehe, hier schon mal ein Hinweis auf eine interessante Parallele:

Der Mensch verfügt bei Bedrohung über ein sehr wirksames Verteidigungssystem, welches als Erstes bei Gefahr anspringt: Wir entscheiden uns je nach Lage kurzfristig für Kampf oder Flucht. Dieses durch den Sympathikus[12] gesteuerte Stressverarbeitungssystem unterstützt die Einzelaktionen eines Menschen, der ganz auf sich selbst angewiesen ist – ein überlebensnotwendiges Aktionssystem für jeden coolen »Kinohelden« Marke James Bond, wenn Sie so wollen.

Säugetiere, die in Herden, in Familien oder als Paare leben wie Meerschweinchen, Affen und auch wir Menschen, haben aber noch ein weiteres, hochwirksames Stresssystem: das Bindungssystem. Der Mensch ist von Geburt an ein bindungssuchendes Wesen und bringt dafür viele angeborene Fähigkeiten und neurogene Programme mit auf diese Welt. Das ist auch notwendig, sind wir Menschen doch »psychophysiologische Frühgeburten« und keine Nestflüchter und in unserer Hilflosigkeit auf ein paar Jahre Sicherheit und auf vertrauensvolle Beziehungen zu anderen angewiesen, um ausreifen zu können.

Wenn bei Säugetieren aufgrund äußerer Bedrohung das fest im Gehirn verdrahtete Bindungssuchsystem anspringt und sie die Herde, die Klein- oder Großfamilie zu Hilfe rufen, beginnen sie zu piepsen, zu jaulen oder zu weinen. Wegen der Tonhöhe und der Penetranz der Töne stresst das in der Regel die erwachsenen Säuger und die Jungtiere werden in die Herde aufgenommen und geschützt.

Forscher haben in den letzten Jahren danach gefahndet, was dieses in heller Alarmbereitschaft sich befindende Bindungssystem am besten beruhigt. Die Befunde sind sicherlich nicht verwunderlich: Am besten beruhigt die Mutter und alles, was mit Mütterlichkeit in Zusammenhang gebracht wird. Zu nennen sind dabei der Hautkontakt, die Berührung, wohlige Wärme und haltende Nähe. Aber auch schon die Anwesenheit eines anderen Menschen wirkt beruhigend. Und wenn dieser nicht zu erreichen ist, dann hilft auch der Schnuller, der Bettzipfel, der Bär »Brum« und die Puppe »Braun-Löckchen«. Auf diese Grunderfahrungen aufbauend sind in der zweiten Reihe hilfreich beruhigende Musik, gute Düfte und – ich will es nicht verschweigen – Nikotin sowie als potenteste Bindungsersatz-Droge Heroin.

Interessant ist, dass das Beruhigen oder besser »Stillen« durch die Mutter sehr intensiv mit einem Urerlebnis von uns allen verbunden ist, nämlich von der Mutter oder einer anderen wichtigen Person der frühen Kindheit gebadet zu werden. Hier kommt in dieser Urszene des Wohlbehagens alles zusammen: die wohlige Wärme des Wassers, das Gehaltenwerden, der Duft der beigesetzten Aromen, das Hüllen in kuschelige Tücher und das Eingecremtwerden – alles Dinge, mit denen wir uns heute selbst etwas Gutes tun können.

Aus diesem Wissen um schöne innere Kind-Zustände haben wir dann in der Stabilisierungsphase der Traumatherapie Imaginationsübungen entwickelt, die diese Bedürfnisse fördern oder auch helfen, wenn nicht vorhanden, sie ganz neu anzulegen. So ist die Übung mit dem inneren sicheren Ort eine bildhafte Vorstellung eines Bereiches in mir, an dem ich mich vollkommen sicher, aufgehoben und geschützt fühlen kann, durch nichts und niemanden bedroht, so wie in Mutters Armen. Der sichere Ort ist somit ein Bild einer inneren guten Mutter in mir.

Ich möchte Sie einladen, mit mir die Übung des inneren sicheren Ortes zu machen, indem Sie einfach den Text leise oder laut lesen, die Gedanken dabei schweifen lassen und versuchen, meine Worte mit Ihren eigenen Bildern und Gedanken zu füllen.

Zuallererst überlegen Sie bitte genau, ob Sie diese Übung jetzt machen möchten. Wenn nicht, lesen Sie einfach nach dem folgenden Kasten weiter. Vielleicht ergibt sich später ein besserer Zeitpunkt, diese Übung zu machen.

Der innere sichere Ort

Wenn Sie mögen, lassen Sie einfach Gedanken, Vorstellungen oder Bilder aufsteigen von einem Ort, an dem Sie sich ganz wohl- und geborgen fühlen, ein Ort tief in Ihrem Inneren, den nur Sie erreichen können, ganz privat und verborgen. Vielleicht ist dieser Ort ein freundliches Zimmer, ein Raum mit bergenden Wänden oder eine Landschaft oder ein ferner Planet. Stellen Sie sich eine feste und stabile Grenze oder Begrenzung vor, die diesen Ort umgibt – eine Grenze, die Sie sich ganz sicher und geborgen fühlen lässt. Nur Sie selbst können bestimmen, welche Lebewesen an diesem Ort, an Ihrem sicheren inneren Ort, sein dürfen. Sie können alle Lebewesen, die für das Gefühl der Sicherheit, der Vertrautheit und des Geschütztseins wichtig sind, an diesen Ort einladen. Aber ich rate Ihnen, keine realen Menschen einzuladen – denn auch die freundlichsten Menschen können enttäuschen. Aber vielleicht liebevolle Helfer und Begleiter, innere Wesen, die Ihnen immer alle Liebe und Unterstützung geben, die Sie jetzt brauchen.

Dieser innere sichere Ort kann hier auf der Erde sein, muss es aber nicht. Er kann auch außerhalb der Erde sein, an einem Ort im Weltraum, er kann eine Insel ganz weit vom Festland sein oder ein Iglu in der Arktis.

Prüfen Sie genau, ob Sie sich mit allen Sinnen wohlfühlen. Wenn das nicht der Fall ist, verändern Sie es so lange, bis alles stimmt: alles, was Sie sehen, alles, was Sie hören, alles, was Sie schmecken und riechen. Ändern Sie es so lange, bis alles gut ist.

Erschaffen Sie sich mit allen Mitteln der Kreativität und des Zaubers einen Ort genau nach Ihren Bedürfnissen. Sie haben alle Hilfe und Begleitung, die Sie brauchen. Wenn Sie diesen Ort in Ihrem Inneren gefunden haben, dann genießen Sie ihn jetzt eine Weile.

Wenn es heute noch nicht so geklappt hat, wie Sie es sich gewünscht haben, machen Sie sich nichts draus. Sie haben sich damit beschäftigt, und wenn Sie diesen inneren sicheren Ort wirklich erreichen wollen, dann werden Sie ihn früher oder später ganz allein finden.

Kommen Sie nun ganz langsam wieder in die Wirklichkeit zurück und lesen Sie – wenn Sie mögen – im Buch weiter.

Auch wenn die inneren Helfer, unsere zweite Standardübung in der Traumaarbeit, häufig mütterliche Züge tragen (Schutzengel, Fee, sprechende Bäume, eine alte Weise usw.), so finden sich auch männlich geprägte Helfer, die uns an das Bild des inneren guten Vaters erinnern: der graue Gandalf aus »Herr der Ringe«, der Zauberer, aber auch der wehrhafte Krieger oder der freundliche Riese.

Vielleicht sind Sie ja etwas neugierig geworden auf die inneren Helfer, und so möchte ich Ihnen diese Übung nicht vorenthalten.

Ich lade Sie wieder ein, mit mir die Übung zu machen, indem Sie einfach den Text leise oder laut lesen, die Gedanken dabei schweifen lassen und versuchen, meine Worte mit Ihren eigenen Bildern und Gedanken zu füllen.

Zuerst überlegen Sie wieder genau, ob Sie diese Übung jetzt machen möchten. Wenn nicht, lesen Sie einfach nach dem gleich folgenden Kasten weiter. Vielleicht ergibt sich später ein besserer Zeitpunkt, diese Übung zu machen.

Die inneren Helfer

Ich möchte Sie jetzt bitten, dass Sie sich vorstellen, in Ihrem Inneren gäbe es ein oder mehrere hilfreiche Wesen, deren Aufgabe es ist, Sie bei allen Entscheidungen des Lebens hilfreich zu unterstützen, Ihnen liebevoll zur Seite zu stehen und Ihnen das Gefühl zu geben, dass Sie alle Stärken in sich haben, die Sie brauchen, um die Aufgaben, die vor Ihnen liegen, zu bewältigen.

Vielleicht entdecken Sie in sich je nach Situation durchaus unterschiedliche Helfer: vielleicht eine weise alte Frau oder einen weisen alten Mann oder weise Heiler, die Ihnen bei wichtigen Entscheidungsfragen mit Rat zur Seite stehen. Zu Ihrem Schutz gibt es starke Helfer wie Riesen, Drachen, Zauberer oder kraftvolle Tiere; zum Trost vielleicht Engel, liebevolle Tiere, Lichtgestalten, Feen usw. Hilfreich können auch sprechende Bäume sein oder Tiere und Pflanzen.

Nutzen Sie alle Ideen, die jetzt in Ihnen aufsteigen, und sammeln Sie Erinnerungen an Märchen, an Mythen und Geschichten. Wenn Sie religiös sind, hilft auch oft der Gedanke an Gott, an Allah oder Buddha oder an eine göttliche Kraft, um tröstliche Unterstützung zu spüren.

Hatten Sie einmal ein Tier – ein lebendiges oder auch ein Plüschtier –, das wirklich wichtig für Sie war, dann können Sie sich auch vorstellen, dass dieses Tier in Ihnen als *nur* positiver Helfer wirken kann. Eines ist ganz wichtig: Der innere Helfer ist nur positiv, nur hilfreich und zuverlässig unterstützend – wann immer Sie ihn brauchen, ist er bei Ihnen. Spüren Sie jetzt, wie Ihr hilfreiches Wesen, das vor Ihrem inneren Auge aufgetaucht ist, Ihnen zur Seite steht ... liebevoll ... schützend ... und tröstend ... für Sie da ist. Spüren Sie den Trost, die Geborgenheit und die Wärme. Nehmen Sie die Sicherheit und Gelassenheit wahr, die von Ihrem inneren Helfer ausgeht. Spüren Sie die Kraft und die Stärke, die er auf Sie ausstrahlt.

Wenn es heute noch nicht so geklappt hat, wie Sie es sich gewünscht haben, machen Sie sich nichts draus. Sie haben sich damit beschäftigt, und wenn Sie den Zugang zu Ihren inneren Helfern wirklich erreichen wollen, dann werden Sie ihn früher oder später ganz allein finden.

Kommen Sie nun ganz langsam wieder in die Wirklichkeit zurück und lesen Sie – wenn Sie mögen – im Buch weiter.

All das hängt mit guten inneren Kind-Zuständen zusammen. Und wenn Sie an den Folgen von Vernachlässigung oder grenzüberschreitender Gewalt in Ihrer Vergangenheit leiden, dann sollten Sie diese positiven kindlichen Anteile in sich selbst fördern und weiterentwickeln.

Diese stabilisierenden Vorstellungen auf unserer inneren Bühne sollen uns helfen, wieder mehr Kontrolle über unsere innere Welt zu bekommen, sich für ein paar Augenblicke als Regisseur zu fühlen, als jemand, der gestaltet und sich immer neu kreativ erfindet und sich nicht den Bildern von damals ausgeliefert fühlt. Darum ist es wichtig, diese Innenwelt aktiv zu gestalten: Wenn der sichere Ort bedroht ist, machen Sie die Grenze stärker und höher, rücken die Inseln noch weiter vom Festland ab oder verwandeln Ihren inneren Helfer in ein wehrhaftes Tier mit Zähnen und Klauen. Fühlen Sie sich für einen Moment stark, nehmen Sie sich die Macht der Verwandlung – darum geht es, um nichts anderes. Sie sollen sich für einen Moment – besser für länger – vorstellen können, dass Sie sich innerseelisch sicher fühlen, nicht ausgeliefert, nicht hilflos und ohne Kontrolle.

Wenn Sie das immer wieder üben, werden Sie merken, wie es Ihnen immer leichter fällt, diese Zustände von Sicherheit selbst zu erzeugen. Sie programmieren Ihr Gehirn um und die Erfahrung geht langsam vom bewussten Ereignisgedächtnis ins unbewusste Handlungsgedächtnis, wo alle automatisierten Prozeduren gespeichert sind. Wenn Sie dann später in eine erneute Hochstresssituation geraten, können Sie zur Restabilisierung darauf zurückgreifen. Aber üben müssen Sie, wenn es Ihnen vergleichsweise gut geht –, die Feuerwehr übt auch nur, wenn es gerade nicht brennt …

In vielen Beratungsstellen und Einzeltherapien gibt es mittlerweile ausgebildete Therapeutinnen und Therapeuten, die erfolgreiche Interventionen zur Unterstützung der Selbstheilungskräfte beziehungsweise Ressourceninstallation anbieten und Sie dabei unterstützen, diese zu lernen. Bewährt haben sich nach meiner Erfahrung folgende Therapieelemente:

- Imaginations- und Visualisierungsübungen, wie ich sie schon erwähnt habe: der sichere innere Ort, die inneren Helfer und vieles mehr. Dadurch soll die Wahrnehmung eigener Ressourcen durch den Aufbau von Kontrolle und die Steuerung eigener Gedanken und Gefühle sowie des Körpers gefördert werden,
- kontrollierte Regression in positive innere Kind-Zustände,
- Selbstfürsorge-Training (körperlich, mental und emotional),
- alle Dinge, die helfen, die Ressourcen einer Person hervorzuheben und zu stärken.

Wenn es an schönen inneren Kind-Erinnerungen mangelt

Jetzt müssen wir uns mit den Schattenseiten kindlicher Erfahrungen beschäftigen, mit Momenten, in denen das Glück fehlte, in denen uns unsere Abhängigkeit von den »Großen«

und unsere Verletzbarkeit durch sie schmerzhaft bewusst wurde. Alle diese inneren Kind-Zustände können sich auch heute noch in uns melden, wenn wir als Erwachsene Situationen ausgesetzt sind, die Ähnlichkeit mit einer erlebten kindlichen Stresssituation haben. Dieser innere Abgleich »Das kenne ich doch, das ist wie damals, als …« läuft völlig unbewusst, das heißt unserer bewussten Kontrolle entzogen, in unserem Gehirn in Bruchteilen von Sekunden ab. Was wir urplötzlich merken, ist ein schlechtes Gefühl im Bauch, die Luft bleibt uns weg und wir wissen, irgendwas ist anders, wir sind nicht mehr richtig erwachsen.

Was diese unerfreulichen inneren Zustände auslöst, ist von Mensch zu Mensch verschieden, je nachdem, was jemand in seiner Kindheit erlebt hat: Der eine reagiert auf die Andeutung einer Trennungsabsicht mit Verlassenheitspanik, der andere auf gespürte Ablehnung durch den anderen mit Verlust jeglichen Selbstwerts oder er fühlt sich plötzlich irgendwie beschämt oder durch die demonstrierte Macht und Gewalt des anderen schlagartig körperlich und psychisch vernichtet. All diesen Auslösern ist gemeinsam, dass sie uns wieder mit etwas in Kontakt bringen, was jeder von uns, auch bei glücklichster Kindheit, seit Langem kennt: das Gefühl von Hilflosigkeit, von Angst und dem Verlust des selbstbestimmten Handelns.

Um diesen Fahrstuhl hinunter in das katastrophale Gefühl des Vernichtetseins, der Todesangst und der Erstarrung abzubremsen, braucht es jetzt einen gut funktionierenden präfrontalen Kortex (der Teil der Großhirnrinde hinter der Stirn), um nicht buchstäblich kopflos zu werden. Die alten Bilder und Körpergefühle müssen wieder zurück in die Schachteln und Fotoalben mit der Aufschrift »Kindheit«.

Stattdessen muss der Werkzeugkasten mit den erwachsenen Konfliktlösestrategien geöffnet werden und ein Uhren- und Datumsvergleich hilft uns, in die Jetztzeit zurückzukommen: Stopp, ich bin heute als Erwachsener nicht mehr so hilflos wie damals!

Wir brauchen Steuerung durch eine erwachsene Steuerungsinstanz:

- Wir brauchen die Fähigkeit zur *Unterscheidung*: Damals war es so, heute ist es anders.
- Wir müssen eine *Bewertung* vornehmen: Wie geht es mir jetzt und wie damals (das Ergebnis kann gar nicht gleich sein, es ist eine Menge Zeit vergangen)?
- Wir müssen nach *Ausnahmen* fragen: Wann ist mir so etwas schon einmal passiert und wann nicht, und wie konnte ich es verhindern und abwenden, in einen hilflosen Kinder-Zustand zu geraten?
- Und: Wie kommen diese *Unterschiede* zustande?

Sie werden sich vielleicht fragen, wie kann so eine kleine Ähnlichkeit der Situation von heute und damals so verheerende Folgen haben? Das Gehirn ist ein ständig lernendes System und eine seiner Hauptaufgaben ist es, unser Überleben abzusichern. Aus Schaden soll man klug werden, deshalb muss alles vermieden werden, was nur danach riecht, klingt oder aussieht wie eine kleine oder große Katastrophe von früher. Besser einmal zu früh und zu viel gewarnt, gekämpft oder geflüchtet, als noch einmal den Schrecken des Verlassenwerdens, der Beschämung, der Gewalt und der Hilflosigkeit zu erfahren.

Hirnphysiologisch lässt sich das heute gut zeigen: Wenn

nur ein kleiner Aspekt der schrecklichen Vergangenheit an das Alltagsbewusstsein von heute angekoppelt wird, aktivieren neuronale Netzwerke sofort das ganze Erinnerungsnetzwerk von damals. Durch die Verkoppelung von Erlebniselementen bauen sich aus diesen frühen unerfreulichen inneren Kind-Zuständen schlagartig Muster im Hier und Jetzt auf. Dann erleben wir die Gegenwart, wie wir damals mit Haut und Haar die Vergangenheit erlebt haben.

Das ist die schlechte Botschaft. Die gute aber ist, dass diese Kopplungen in der Gegenwart stattfinden – jetzt, gerade jetzt in meinem Gehirn: Da wird ein gegenwärtiges Problem wieder reflexartig versucht, mit dem Werkzeugkasten der Vergangenheit zu lösen. Klar ist: Das, was sich bewährt hat, kann immer wieder als Modell, als Vergleichsbasis genommen werden. Das Problem dieses energiesparenden Kurzschlusses ist aber: Wir lernen nichts mehr dazu. Einmal Katastrophe, immer Katastrophe! Diesen Reflex dem Gehirn abzutrainieren, ist nicht einfach, aber der einzig gangbare Weg. Und somit komme ich wieder auf die schönen inneren Kind-Zustände und die Entwicklung unserer positiver Stärken und Ressourcen zurück.

Nun höre ich einige unter Ihnen schon sagen: Der Peichl redet sich leicht, das habe ich alles gar nicht, ich erinnere mich nicht an freundliche Menschen in der Kindheit, die mir etwas geschenkt haben, die mich geliebt und gewärmt haben, ich habe keine schönen inneren Kind-Zustände, kein glückliches Inneres Kind in mir. Ich erinnere nur Gewalt, Grenzverletzungen und Ohnmacht. Das mag sein, obwohl ich das gar nicht so recht glauben will: Dies alles überlebt zu haben, zeigt doch, dass es in Ihnen Stärken gibt, die es lohnt, weiter zu nutzen.

Heute wissen wir aus der Resilienz-Forschung[13], dass es Menschen gibt, die an seelischer Belastung, an Misshandlung und Vernachlässigung nicht zerbrechen, sondern daran wachsen. Wie die Psychologin Emmy Werner, die »Mutter der Resilienzforschung«, in ihrer berühmten »Kauai-Studie« feststellte, verfügen resiliente Kinder über Schutzfaktoren, welche die negativen Auswirkungen der traumatischen Umstände abmildern. Welche sind das?

700 Kinder wurden von Werner über Jahre beobachtet, vom ersten bis zum 40. Lebensjahr. Kinder, die trotz vergleichbarer Traumabelastung im Längsschnitt gesund blieben und aus ihrem Leben etwas machten, unterschieden sich in diesen Punkten von später erkrankten Kindern:

- Sie fanden trotz traumatischer Familienverhältnisse einen Halt in anderen emotionalen Beziehungen – zu Großeltern, zum Lieblingslehrer, Pfarrer, zu Geschwistern usw.
- Diese Menschen gaben den Kindern das Gefühl, etwas wert zu sein, und fungierten als soziale Modelle dafür, wie Problemlösungen möglich sind.
- Für Kinder mit Gewalt- und Vernachlässigungserfahrung war es wichtig, sich früh Leistungsanforderungen zu stellen (ein Amt in der Schule, im Sport) und Verantwortung (zum Beispiel für Geschwister) zu übernehmen.
- Die meisten Kinder hatten ein ruhigeres Temperament und die Fähigkeit, auf andere zuzugehen und sich Unterstützung zu holen.

Wenn Sie das lesen, wäre es sicher gut, dass Sie selbst überlegen, was davon in Ihrem frühen Leben auch vorhanden war und was Sie vielleicht bisher gar nicht so beachtet haben.

Auch wenn die Kernfamilie Ihnen keine idealen Voraussetzungen geboten hat, so gab es ja vielleicht Entwicklungsanreize außerhalb, freundliche und unterstützende Menschen, die sich freuten, dass es Sie gab, die Ihnen ein Lächeln geschenkt haben und Ihnen einfach zärtlich durchs Haar fuhren. »Mitten im Winter habe ich erfahren, dass es in mir einen unbesiegbaren Sommer gibt«, habe ich einmal beim Schriftsteller Albert Camus gelesen.

Vielleicht wäre es gut, einen Teil Ihrer Vergangenheitsbiografie umzuschreiben oder zumindest eine zweite Spalte auf der Seite aufzumachen mit dem Titel: »Was sind meine Stärken und was habe ich aus all dem für mein Leben gelernt?«

Die Ergebnisse der Resilienzforschung machen Mut, auch wenn deutlich wird, dass es nicht allen Menschen gegeben ist, an traumatischen Stresssituationen zu wachsen und sich quasi in Drachenblut zu baden und widerstandsfähig zu werden. Dennoch gibt es laut Resilienzforschung keinen Grund zur Resignation. Resilienz ist keine Eigenschaft, die ein Mensch hat oder nicht, die er als »Glückskind« mit auf die Welt bringt, und wenn nicht: Pech gehabt. Resilienz kann man lernen. Die einen haben die Kapazität und können sie aus eigener Kraft nutzen, die anderen brauchen Hilfe und Unterstützung bei der Entwicklung, zum Beispiel ein Buch wie dieses, einen Therapeuten, einen lieben und unterstützenden Menschen.

Ulrich Sachsse, ein Freund und in unserem Land sehr bekannter Traumatherapeut, zitiert an dieser Stelle immer Erich Kästner: »Es ist nie zu spät für eine schöne Kindheit« und meint: Wenn die Kindheit nicht schön war, dann muss ich mir eben eine schöne Kindheit erfinden, ideale Eltern in meinem Inneren konstruieren. Warum das funktionieren soll? Weil das Gehirn nicht so gut zwischen real Erlebtem und Vorgestelltem unterscheiden kann. Deshalb wirken die Imaginationen ja auch auf Dauer, wenn sie nur intensiv genutzt werden, respektive vorher ausgiebig geübt werden. Das menschliche Gehirn ist nutzungsabhängig, das heißt, das, was immer wieder genutzt wird, wird immer fester verankert, gebahnt und verdrahtet und dadurch zunehmend löschungsresistenter.

Die Amerikanische Psychologenvereinigung (APA) schickte vor ein paar Jahren speziell ausgebildete Therapeuten in die Schulen, die die Kinder gegen traumatischen Stress in den Familien »impfen« sollten. Sie sollten zeigen, was zum Weiterwachsen hilfreich ist, und haben geraten:

- Was du brauchst, sind Freunde. Sei auch du anderen ein guter Freund, eine gute Freundin.
- Fühle dich für dein Verhalten verantwortlich.
- Verliere niemals den Glauben an dich selbst.

Aber da für uns Erwachsene die Kindheit unwiederbringlich vorbei ist und so ein Schulungsprogramm deshalb zu spät kommen würde, stellt sich die Frage: Was bedeutet das für heute, jetzt, hier an dieser Stelle des Lebens? Als Allererstes: Resilienz kann in jedem Lebensalter gelernt werden!

In ihrer Broschüre *The Road to Resilience*[14] empfiehlt die Amerikanische Psychologenvereinigung folgende Schritte auf dem Weg zur psychischen Widerstandsfähigkeit:

1. *Eine Langzeitperspektive einnehmen:* Begegnen Sie dem Leben mit der Zuversicht, dass Krisen vorübergehen und von positiven Erlebnissen abgelöst werden.

2. *Gut für sich selbst sorgen:* Gestehen Sie sich das Recht auf Krisen und Gefühle wie Angst, Trauer und Zorn zu. Rückzug ist wichtig, um aufzutanken, zu trauern, nachzudenken und gut für sich zu sorgen.
3. *Realistische Ziele:* Entwickeln Sie Ziele, die Ihnen auch in schwierigen Lebensphasen als Perspektive dienen können.
4. *Soziale Kontakte aufbauen:* Pflegen Sie Freundschaften und gute Kontakte zu Familienmitgliedern (aber nur zu solchen, mit denen Sie nicht in traumatische Erfahrungen verstrickt sind). Dann können Sie auch in Krisenzeiten über Ihre Nöte sprechen.
5. *Die Opferrolle verlassen, selbst aktiv werden:* Versuchen Sie, sich in schweren Zeiten nicht als Opfer zu fühlen. So ziehen Sie sich nur tiefer hinab. Der erste entscheidende Schritt ist, sich nicht mehr als Opfer, sondern als Überlebenden zu fühlen.
6. *An die eigene Kompetenz glauben:* Vertrauen Sie Ihrer eigenen Kraft. Viele Menschen in Schwierigkeiten wachsen über sich hinaus.

Das alles scheint mir recht praktikabel, einen Teil davon kann jeder von uns auch noch als Erwachsener erlernen. Vieles kann man ausprobieren, manches bleibt uns verschlossen. Aber jeder neue Schritt in die richtige Richtung ist wichtig. Und dabei dürfen wir auch unser Erwachsensein nicht vergessen. Auch als Erwachsene können wir es uns richtig gut gehen lassen. Wir brauchen ein ausgewogenes Zusammenspiel zwischen unseren erwachsenen und unseren inneren Kind-Zuständen.

An dieser Stelle noch eine kritische Anmerkung: Was ich sehr bedenklich finde, ist eine Idealisierung des Inneren

Kindes zu (Un-)Gunsten der Abwertung des Erwachsenseins. So eine Art Radikalkur habe ich vor einigen Jahren beschrieben gefunden. Sie hat mich sehr erschreckt und deshalb möchte ich diesen Text in einem verkürzten Zitat wiedergeben. Vermutlich schreibt da ein Mensch in einer totalen Midlife-Crisis, der für sich das »Nur-wieder-Kind-sein-Wollen« zum Dogma erklärt:

»Hiermit erkläre ich öffentlich meinen Rücktritt vom Erwachsensein. Ich habe beschlossen, die Bedürfnisse einer Sechsjährigen zu leben. (…) Ich möchte zu einer Zeit zurückkehren, als das Leben einfach war. Als alles, was ich kannte, Farben, Rechentafeln und einfache Schlaflieder waren, was mich aber nicht gestört hat, weil ich nicht wusste, was ich nicht wusste, und darüber auch nicht besorgt war. (…) Ich möchte wieder einfach leben. Ich möchte nicht, dass meine Tage aus Computerabstürzen, Bergen von Akten und deprimierenden Nachrichten bestehen. Ich möchte an die Kraft eines Lächelns, einer Umarmung, eines netten Wortes glauben, an Wahrheit, Frieden, Träume und an die Kraft, die davon ausgeht, im Liegen Rauschgoldengel in den frischen Schnee zu formen. Ich möchte wieder sechs sein.«[15]

So stelle ich es mir nicht vor – aber das dürfte bei dem, was ich in diesen Kapiteln geschrieben habe, genügend deutlich geworden sein. Wenn wir die Erinnerung an die Vergangenheit verändern wollen – die Vergangenheit können wir ja nicht ändern, die ist ja schon unwiederbringlich vorbei –, dann haben wir nur eine Chance: Wir müssen die Gegenwart verändern. Eine andere Gegenwart verändert den Blick auf meine Vergangenheit. Außerdem haben wir viele Vergangenheiten – so viele, dass wir uns eine aussuchen können. Aber davon später mehr in Kapitel 8.

5

Die Verletzung zentraler Grundbedürfnisse oder: Wie verletzte Innere Kinder entstehen

Für Zufriedenheit im heutigen Erwachsenenleben ist eine gelingende Bewältigung der zentralen Entwicklungsaufgaben im Kinder- und Jugendalter von zentraler Bedeutung. Die entscheidenden Entwicklungsthemen in den ersten Lebensjahren sind der Aufbau von Bindungen, die Regulierung von Emotionen, die Exploration der Umgebung sowie die Erlangung von Autonomie. Schon als Kleinstkinder waren wir neugierig auf unsere nahe Umgebung, auf die handelnden Personen, die mit uns in dieser Welt in Kontakt gingen, und auf uns selbst, als einem Teil dieser Welt. Damit wir unser Selbst entwickeln konnten, brauchten wir eine haltende, schützende, ermutigende und feinfühlige Bezugsperson – am besten mehrere davon –, Orientierungshilfe in der häufig so verwirrenden Welt und eine Umgebung, die uns Raum ließ für das eigenständige und aktive Erforschen und Ausprobieren. So konnten wir zunehmend selbstständiger und unserer selbst bewusst werden.

Leider verlaufen diese Entwicklungswege nicht immer geradeaus, sondern oft mit Biegungen und in Sackgassen. So etwas nennen wir in der Psychologie eine »Störung der Kindheitsentwicklung« und die Folgen sind innere Kind-Anteile, die die Probleme dieser Bindungserfahrungen verkörpern und von diesen leidvollen Erfahrungen erzählen.

Lassen Sie uns einmal ganz allgemein auf die Schwierigkeiten schauen, die uns in der Kindheit und Adoleszenz widerfahren können und die Kinder zwingen, kreative Lösungen zu finden, um in einer schwierigen bis toxischen Umgebung zu überleben. Oft kosten diese kreativen und hoch kompetenten Lösungen von damals leider heute einen hohen Preis. Man könnte sagen: Die Lösungen von damals sind meist die Problem von heute.

Problembereiche der Kindheitsentwicklung

In Anlehnung an Roland Kachler (2020) schlage ich zur Unterscheidung drei Problembereiche vor:

1. *Bindungsstörungen:* Schwierigkeiten, die durch ungenügende Bindungserfahrungen zwischen Mutter und Kind, aber auch zwischen Kind und anderen wichtigen Kontaktpersonen entstehen – auch die Väter haben da so ihre Rolle. Es geht vor allem darum, dass hier für das Überleben wichtige Grundbedürfnisse nicht oder nur mangelhaft erfüllt wurden, vor allem das Bedürfnis nach Sicherheit und Geborgenheit sowie Unterstützung bei der Regulation der inneren Erregung.

2. *Sogenannte neurotische Störungen:* In manchen Theorien wird Neurotizismus mit »emotionaler Labilität« oder »geringer emotionaler Kontrolle« übersetzt. Neurotiker sind danach verletzlich, überempfindlich, ängstlich und hilflos. Der psychisch Gesunde ist demgegenüber robust, entspannt, ruhig und selbstbewusst. Ich verstehe darunter, dass Kinder unter hohen Konfliktspannungen aufgewachsen sind, weil Grundbedürfnisse des Kindes enttäuscht, eingeengt, blockiert oder entwertet wurden. Nehmen wir nur die beiden Grundbedürfnisse nach Bindung an die primären Bezugspersonen und Individuation, Selbstentfaltung und Autonomie. Dann wurde die freie persönliche Entfaltung behindert und die Bindung an einen neurotischen Familienkontext bewusst oder unbewusst verstärkt. Eine »bezogene Individuation«, wie wir das nennen, konnte sich nicht entfalten.
3. *Traumatische Erfahrungen:* Diese sind die massivsten Formen der Störung, und wenn wir davon sprechen, dann schließen wir auch körperliche und sexuelle Gewalterfahrungen sowie Vernachlässigung usw. darin ein. Die Folgen sind in der Regel nicht nur seelische Störungen, sondern auch eine massive Einschränkung, sich im eigenen Körper zu spüren und wohlzufühlen.

Die Auswirkungen von frühen Bindungsstörungen

Diese drei unterscheidbaren Bruchstellen einer gelungenen Entwicklung lassen verletzte innere Kind-Anteile entstehen, die ich mir als Repräsentanzen einer zusammenhängenden biografischen Erfahrung vorstelle, die zeitüberdauernd in neuronalen Netzwerken gespeichert ist. Werden diese neuronalen Netzwerke heute stimuliert, dann feuern die im Netzwerk verbundenen Synapsen und aktualisieren im Erleben so einen inneren Kind-Zustand (Kind-Ego-State) – wir fühlen uns plötzlich wie damals, mit all den Körpergefühlen, Gedanken und Affekten der Vergangenheit.

Wie sich das alles für uns Menschen auswirkt, will ich mit einem Beispiel aus der Praxis erklären:

Meine 32-jährige Patientin Frau Blau nannte sich in der ersten Sitzung »toxisch beziehungsunfähig« und berichtete von heftigen Spannungen zwischen ihr und ihrem Partner. Immer wenn er für ein paar Tage geschäftlich unterwegs war, geriet sie in Panik, schickte ihm ständig WhatsApps und versuchte die unerträgliche innere Anspannung (er könnte tot sein oder eine andere Frau haben) durch einen bulimischen Anfall zu lösen.

Eines Tages kam sie in die Stunde und erzählte mir folgende Episode: Ihre Arbeitskollegen hätten sich vor Weihnachten zu einem kleinen Umtrunk mit Stollen und Glühwein im Sozialraum der Abteilung versammeln wollen. Sie habe noch ein Telefongespräch führen müssen und kam deshalb etwas verspätet dazu. Als sie die Tür zum Sozialraum öffnete, seien alle Stühle schon besetzt gewesen und sie habe gedacht: »Typisch, hier bin ich nicht willkommen, hier ist kein Platz für mich!« Daraufhin habe sie sich fluchtartig in ihr Büro zurückgezogen und habe dort weitergearbeitet. Am Abend hätte sie dann seit langer Zeit wieder einen bulimischen Anfall gehabt, wofür sie sich sehr schäme.

Im Verlauf des Gesprächs erfuhr ich mehr zum Konflikt mit dem Partner. Er hatte ihr einen Heiratsantrag gemacht, den sie mit dieser Begründung ablehnte: Sie wisse ja nie, ob er es wirklich ernst meine und sie nicht beim ersten Problem verlasse und zu einer anderen, »besseren« Frau ginge. Auch hier hatte sie das Gefühl, keinen Ort oder Platz zu haben, wo sie sich sicher fühlen könnte und wo man sie »aushalten« würde.

Aus ihrer Biografie ist bekannt, dass die Eltern sich in ihrem dritten Lebensjahr nach langem »Ehekrieg« trennten und die Patientin zusammen mit dem zwei Jahre jüngeren Bruder auf Betreiben des Jugendamts in Polen in ein Kinderheim kam. Als sie sechs Jahre alt war, kamen beide Kinder zu einer »Adoption auf Probe« in eine Familie. Ihr Bruder konnte dort bleiben, sie musste aber nach sechs Monaten zurück ins Heim, weil sie so »verschlossen, misstrauisch und verbockt« war. Im Heim sei sie mit dem Satz begrüßt worden: »Wer so zickig ist, der findet eh keinen Platz!«

So entstanden in ihr ein misstrauischer innerer Kind-Anteil, der lieber auf Distanz zu Menschen blieb, um nicht wieder enttäuscht zu werden, ein sehnsuchtsvoller Kind-Anteil, der die Arme immer weit ausstreckte, um jemandem nahe sein zu können, und eine wütende Seite, die die Welt am liebsten in Stücke reißen wollte.

So etwas würden wir als ein verzweifeltes, bindungsgestörtes Kind-Ego-State bezeichnen, entstanden in einer Frühphase der Genese – siehe zuvor, Punkt 1: Bindungsstörung.

Der Terminus verweist auf einen basalen Mangel der frühen Kindheit, wo ein gutes, verlässliches Mutterbild (meist wegen innerer oder äußerer Abwesenheit der Mutter), das Schutz und Sicherheit gibt, nicht verinnerlicht werden konnte. So beginnt das Kleinkind früh zu denken: »Ich bin unerwünscht, gänzlich ungeliebt und auch nicht liebenswert.« Meist berichten diese Menschen von strengen inneren Stimmen und Gedanken, die sie entwerten, be- und verurteilen und ihnen die Schuld daran geben, wegen ihrer angeblichen Bosheit, Faulheit oder Dummheit nicht geliebt zu werden. Dieses Thema der gnadenlosen inneren Kritiker, namentlich des vernichtenden Be- und Verurteilers, habe ich an anderer Stelle ausführlich beschrieben.[16]

Die neurotisierten inneren Kind-Anteile

Ich hatte zuvor unter Punkt 2 Kind-Anteile erwähnt, die in sogenannten neurotischen Familienmustern entstehen. »Neurotisch« ist heute in der Psychologie ein etwas unscharfer Begriff für eine leidvolle Erfahrung eines Menschen in der Kindheit, aber er soll uns zumindest auf eines hinweisen: Wir finden hier keine schweren Bindungsstörungen in den ersten Jahren des Lebens, auch keine schweren Traumatisierungen durch Gewalt und Grenzüberschreitungen, aber dennoch gab es Einschränkungen, Begrenzungen und Wachstumshindernisse. Diese können sehr vielfältiger Natur sein: Kinder fühlen sich überfordert durch den unbändigen Leistungswillen der Eltern, emotional blockiert und gehemmt, wenig ermutigt und meist kritisiert oder bestraft und abgewertet. Es kommt dadurch zu äußeren Konflikten zwischen dem Kind und den zum Überleben notwendigen

Bezugspersonen und vor allem zu inneren Konflikten zwischen der Suche nach Liebe und Aufmerksamkeit und dem Wunsch nach Eigenständigkeit und persönlichem Wachstum.

Für diese Erfahrungen, die sich dann in inneren Kind-Anteilen bei uns Erwachsenen finden, möchte ich den Begriff »verletztes Kind« oder »verletzter Kind-Ego-State« oder »verletzter Kind-Ich-Zustand« vorschlagen. In anderen Teile-Therapien ist das »der einsame Kindmodus« der Schematherapie, die Bezeichnung »das abhängige Kind« der Transaktionsanalyse und der Funktionsbegriff »Die Verbannten« (im englischen Original: Exils) der Inneren Familiensystemtherapie (IFS) von Richard Schwartz[17].

All diese Bezeichnungen für »Innere Kinder« verweisen auf einen basalen Mangel der frühen Kindheit, ein Gefühl, nicht genug geliebt worden zu sein, wobei distanzierte Ablehnung, aber auch überbordende Verwöhnung sich ähnlich katastrophal auswirken können.

Die drei us-amerikanischen Schematherapeuten Young, Klosko und Weishaar haben in ihrem Buch *Schematherapie*[18] (2005) die Kindheitssituation von Menschen mit narzisstischen Störungen des Selbstwerts in Interviews erfragt und danach vier Faktoren beschrieben:

- die Erfahrung von Einsamkeit und Isolation,
- die Erfahrung, dass von außen unzureichend Grenzen gesetzt werden,
- das Erleben, von den primären Bindungspersonen benutzt und manipuliert zu werden und
- eine von der Erfüllung hoher Erwartungen abhängige Bestätigung.

Ihre Forschung zeigte weiter, dass Unterschiede in der primären Kindheitssituation zu unterscheidbaren verletzten Kind-Anteilen führten – als Reaktion auf die vorherrschende Erziehungspraxis. Diese Erkenntnisse ordneten sie möglichen Kind-Ego-States im erwachsenen Patienten zu, die sie in der Praxis diagnostizierten und behandelten:

- *Einsamkeit und Isolation:* das einsame Kind-Ego-State
- *unzureichende Grenzen:* das rücksichtslose, fordernde Kind-Ego-State
- *erlebtes Benutztwerden und Manipulation:* das ausgebeutete Kind-Ego-State
- *von der Erfüllung hoher Erwartungen abhängige Bestätigung:* das gnadenlos-ehrgeizige Kind-Ego-State

Einmal, so können wir zusammenfassen, dominiert die Verweigerung von sicherer Bindung (das einsame, isolierte, nicht gesehene und entwertete Kind), das andere Mal dominiert das Desinteresse am Erlernen von Selbststeuerung in eigenen Grenzen (das hilflos-grenzenlose Kind) oder die Wahrung der Autonomie und Unverletzlichkeit der Persönlichkeit (das benutzte und ausgebeutete Kind). In allen Fällen können die Eltern nicht dabei helfen, dass das Kind eine Balance zwischen beiden Grundbedürfnissen (Bindung und Individuation) herzustellen lernt. Und vor allem können sie nicht dazu beitragen, dass es mit der Gewissheit aufwächst, diesen Prozess autonom und selbstverantwortlich regulieren zu können. Das erleben Kinder, die von den Bezugspersonen »verhätschelt« werden, genauso wie Kinder, die ignoriert werden.[19]

Traumatisierte innere Kind-Anteile

Als dritten Punkt hatte ich zuvor traumatische Erfahrungen genannt, welche die Ursache für die Entstehung von verletzten inneren Kind-Anteilen darstellen. Darüber ist in den letzten Jahren so viel geschrieben worden, dass ich mich an dieser Stelle kurz fasse.

»Ein Trauma ist definiert als eine Situation, in der existenzbedrohende, emotional überflutende, kognitiv nicht zu verstehende und physiologisch nicht zu regulierende Erfahrungen auf das Kind oder den Jugendlichen stoßen. (…) Diese Erfahrung löst tiefe Ohnmacht und Verzweiflung aus«, schreibt Roland Kachler 2020 (S. 93).

So lässt sich erahnen, welche inneren Katastrophen in einem Kind entstehen können, welche Überlebensstrukturen aus verinnerlichten Ich-Zuständen und welches Leid. Ich habe das in meinem ersten Buch 2006 die »Traumalandschaften der Seele« genannt.

Heute wissen wir, dass entlang der defensiven Säugetierreaktionen wie Bindungsschrei, Flucht, Kampf, Unterwerfung und Erstarren unterscheidbare Ich-Anteile entstehen. Jeder dieser Teile spiegelt eine Strategie wider, mit der das nicht zu Ertragende doch zu überstehen und die Gegensätze zwischen Sehnsucht nach und panischer Angst vor Nähe (die oft wesentlicher Bestandteil der traumatischen Erfahrung sind) miteinander zu versöhnen sind.

So habe ich in den letzten Jahren ein »Teile-Modell« entwickelt, das die Bildung von traumatisierten inneren Selbst-Anteilen oder dissoziierten Selbst-Anteilen als Überlebensstrategie würdigen und dem Patienten durch gezielte

Methoden der Traumatherapie helfen will, die traumabedingt aufgespaltenen und oft zerfallenden Persönlichkeitsmuster zu integrieren. Im Modell von Janina Fisher (2019), dass ich hier kurz erwähnen möchte, steht der Patient, der unter einer Traumafolgestörung leidet, im Konflikt zwischen verschiedenen Seiten (Anteilen). Man könnte es auch so ausdrücken: Er ist nicht nur ambi-, sondern polyvalent.

Diese verschiedenen »Seiten des Konflikts« verdichten sich zu Selbst-Anteilen, entstanden als nachvollziehbare und notwendige Reaktion angesichts von Gefahr und Verlassenheit. Aus neurobiologischer Perspektive scheinen die Probleme und das Leiden vieler unserer traumatisierten Patienten »einfach nur widerzuspiegeln, wie Psyche und Körper eines Menschen sich an eine gefährliche Umwelt angepasst haben, in der einzig und allein bei derjenigen Bezugsperson, von der die Bedrohung ausgeht, ›Schutz‹ zu finden war. Jedes Symptom ist demnach eine findige Lösung des Körpers, die für das heranwachsende Kind oder den gefährdeten Erwachsenen den Anschein von Sicherheit erzeugt« (Fisher 2019, S. 18).

Werden diese unterscheidbaren Selbst-Anteile in der Therapie benannt und als wertzuschätzende Überlebensstrategie des Patienten eingeordnet und »re-kontextualisiert«, dann kann der Patient zu ihnen in Beziehung treten. Und das wiederum bewirkt nach der Erfahrung von Fisher schnelle Fortschritte in der Therapie. Der Patient erkennt in sich, dass da verschiedene Selbst-Anteile miteinander in Konflikt liegen und streiten, was in einer Bedrohungssituation früher mehr Sicherheit versprach: sich tot stellen oder den Kampf aufnehmen, um Hilfe rufen oder besser stumm bleiben? Häufig braucht es dazu viel Mut, Geduld und hoffentlich eines Therapeuten oder einer Therapeutin, der oder die mit langem Atem bereit ist, diesem Weg mit dem Patienten zu gehen. Ziel der Traumatherapie ist es, sich besser kennenzulernen, Verantwortung für sich zu übernehmen und das System der inneren Anteile in ein Ganzes zu integrieren.

6

Schwierige Innere Kinder und Innere Jugendliche

In einem Online-Handbuch der Kindergartenpädagogik schreibt Ingeborg Becker-Textor über »schwierige Kinder«: »Meine Erfahrung: Nicht die Kinder sind gestört, sondern häufig die Beziehungen! Oder anders ausgedrückt: Kinder sind meist nicht aus sich heraus schwierig, werden in der Regel nicht schwierig geboren [...]. Es gibt sehr viel Literatur, die sich mit dem Problem der ›schwierigen Kinder‹ befasst, die sie als verhaltensgestört, verhaltensauffällig oder als Kinder mit besonderen Bedürfnissen beschreibt und die verschiedene Arbeitsmethoden, Spiele und Beschäftigungen vorschlägt. Das ›schwierige Kind‹ ist meines Erachtens jedoch in erster Linie nur Symptom für kranke Beziehungen, Fehler und Mängel in der Erziehung, die Kinderfeindlichkeit der Gesellschaft usw. In meinen Überlegungen versuche ich deshalb,

- zuerst das Kind als Schuldigen zu entlasten
- und das Verhalten von uns Erwachsenen in seiner Wirkung auf Kinder in den Mittelpunkt zu stellen.«[20]

Dem ist nicht zu widersprechen. Auch die schwierigen inneren Kind-Zustände sind Ausdruck einer Erfahrung, die der erwachsene Mensch einmal oder mehrfach im Leben gemacht hat – so wie ich es im letzten Kapitel beschrieben habe. Diese Erfahrungen übersteigen die normale Fähigkeit von Kindern, Widersprüche, Ambivalenzen zu ertragen, Zurückweisung zu tolerieren, Gewalt und Grenzüberschreitungen zu ertragen und an Verletzungen der eigenen Identität auch noch zu wachsen. Es war alles zu viel, was uneinfühlsame Erwachsene einem zumuteten, und die Folgen waren verheerend.

Dissoziation II

Um zu verstehen, was in diesen schlimmen Momenten passierte, will ich etwas weiter ausholen – alles steht und fällt hier mit dem Begriff der *Dissoziation*.

Die Traumaforschung der letzten Jahre lehrt uns, dass die Dissoziation einen psychischen Überlebensmechanismus darstellt. Im Gegensatz zur neurotischen Abwehr (Spaltung) geht es hierbei aber in erster Linie darum, mit unerträglichen Gefühlen von Schmerz, Todesangst und Hass umzugehen. Somit ist die Dissoziation eine physiologische[21] Notfallreaktion. Der Prozess der Dissoziation ist auch weniger ein kognitiver Prozess, sondern ein emotional-physiologischer, der sozusagen automatisch durch ein Trauma (oder später durch entsprechende Trigger = Auslösereize) ausgelöst wird. Im Vorgang der Dissoziation können diese Elemente einzeln oder insgesamt vom Bewusstseinsstrom abgespalten werden. Damit sind Dissoziationen im Grunde

Störungen der Kontinuität einer Erfahrung, die wir mit der Welt außerhalb von uns und der Körperwelt aus unserem Inneren in jedem Augenblick machen und die wir in unserem Bewusstsein zu einem Strom des Erlebens verbinden. Bricht dieser Strom ab, hat dies massive Folgen für das Erleben unserer Identität, unserer Integration des Selbst.

Diese traumainduzierte Abspaltung von Teilen habe ich mir früher immer so vorgestellt, als würde man die Identität in immer kleinere Stücke zerteilen, je mehr Innere Kinder oder Selbst-Anteile entstehen. Dieses etwas naive Konzept hat wenig Überzeugungskraft im Zusammenhang mit der Komplexität der Multiplen Persönlichkeit, schreibt der bekannte Dissoziationsforscher Richard P. Kluft (1991, 1999): Die vielfache Aufspaltung leitet sich ab von der Vorstellung, einen Kuchen in Stücke zu schneiden, mit dem daraus folgenden Effekt, dass man immer weniger und weniger Anteile für jede Identität übrig behält. Diese Annahme unterstellt, dass das Original-Selbst, von verschiedenen Autoren als die »Gastgeber«-Persönlichkeit bezeichnet, verkleinert wird und das, was erst eine Einheit dargestellt hat, immer weiter zerbricht. Dem ist jedoch nicht so.

Ein besseres Modell der Problemlösung wäre es, eine multiple Bewusstheit anzunehmen, in der das Individuum ein isomorphes, das heißt gleichgestaltiges Selbst (Kluft 1988) kreiert. Kluft stellt fest, dass »die Seele eher, als sich selbst zu teilen, sich multipliziert, sich selbst selektiv vervielfältigt (recopy) oder eine begrenzte Zahl von Elementen in Mustern von größtmöglicher Vielfalt rearrangiert«. Nach Kluft versucht das traumatisierte Kind eine andere Version von sich selbst zu kreieren, um die Erinnerung dort abzuspeichern. Das traumatisierte Innere Kind wäre somit eine Kopie, ein Replikat der traumatischen Szene, eingefroren im Moment der Entstehung, ein Erlebens-Zustand, eine Verdichtung des persönlichen Gedächtnisses.

Dieses Konzept wird unterstützt durch ein neurologisches Modell der Multiplizität, wie es zurzeit von bekannten deutschen Hirnforschern wie Gerhard Roth oder Wolf Singer vertreten wird. Substrukturen im Gehirn können unterschiedlich operieren, wenn sie im Kontext von unterschiedlichen Modulen oder Schaltkreisen funktionieren. Die Neurologie ist nicht begrenzt oder endlich, denn die Basis für die Veränderung von Identität kommt aus sich verändernden existierenden Mustern und nicht aus der Entwicklung neuer Komponenten. Dies bedeutet für uns: Bestehende Netzwerke können immer wieder zu neuen vernetzten Strukturen kombiniert werden. Aber auch, dass aus Identitätsmustern Teile durch Dissoziation abgespalten werden, als stabile Ich-Zustände weiterexistieren und zum Beispiel den Ego-State eines seelisch und körperlich verletzten vierjährigen Inneren Kindes markieren.

Die drei Grundprinzipien der Teile-Arbeit

Stellen wir uns also vor, zum Zeitpunkt X eines Kinderlebens hätte jemand – nennen wir sie Sandra – ein Schocktrauma erlitten (zum Beispiel den Verlust einer existenziell wichtigen Bezugsperson durch Krankheit). Sandra wäre in den ersten Tagen unansprechbar gewesen und hätte wie automatenhaft gewirkt, sodass die Familie begann, sich Sorgen zu machen. In den nächsten Monaten wäre sie langsam etwas munterer geworden, aber immer etwas ängstlich und irritierbar. Äußerlich erholte sich Sandra bald wieder, reagierte aber auf Trennungssituationen jetzt viel ängstlicher und wollte in den Ferien nicht mehr allein zu Tante Hanni auf den Bauernhof, den sie früher so geliebt hatte. Was war passiert?

In Sandra hatte sich im Moment des größten Schocks, als sie sich von der toten Mama in der Klinik am Sterbebett verabschiedete, eine Kopie von ihr abgetrennt, in der all die Gedanken, Gefühle, Körperempfindungen, Bilder und Handlungsimpulse verdichtet und gesammelt waren. Dieser traumatisierte Ich-Zustand übernahm, bildhaft gesprochen, die Last der Erinnerung, damit die andere Sandra weiterleben und sich relativ ungestört weiterentwickeln konnte. Aber immer wenn es später um Trennung ging, meldete sich dieser Selbst-Anteil und Sandra war plötzlich wieder »im alten Film«. Der alte Verlust ereignete sich nicht vor einigen Jahren, sondern geschah jetzt im Moment noch einmal. Die Großen wurden dann langsam ungeduldig und beschimpften Sandra wegen ihres ständigen Geflennes und nannten sie verächtlich eine Heulsuse. Dafür schämte sich Sandra zusätzlich.

25 Jahre später in der Therapie, als wir mit diesem sechsjährigen Inneren Kind in der erwachsenen Sandra Kontakt aufnahmen, hatte die Erwachsene dieser »Angst-Sandra« gegenüber wenig Verständnis und liebevolle Gefühle und lehnte es zuerst ab, sich mit ihr überhaupt zu beschäftigen. »Die soll abhauen, die Heulsuse nervt«, sagte sie in einer Sitzung. Sie beschimpfte sie und gab ihr die Schuld, dass sie sich nicht auf intime Beziehungen einlassen konnte, ständig angespannt und ziemlich ängstlich war. Die erwachsene Sandra dachte und fühlte ihrer sechsjährigen Angst-

Sandra gegenüber, wie damals der Vater und die großen Brüder sich ihr gegenüber in der Kindheit verhalten hatten: ärgerlich ablehnend und ausgrenzend.

Der erste Schritt in der Therapie bestand darin, bei der erwachsenen Sandra Akzeptanz und ein wohlwollendes Verständnis für die innere »Angst-Sandra« zu entwickeln. Wie hatte Ingeborg Becker-Textor über »schwierige Kinder« geschrieben:

»In meinen Überlegungen versuche ich deshalb,

- zuerst das Kind als Schuldigen zu entlasten
- und das Verhalten von uns Erwachsenen in seiner Wirkung auf Kinder in den Mittelpunkt zu stellen.«

Diesen Dialog zwischen dem Erwachsenen und dem Inneren Kind oder Jugendlichen in Gang zu setzen, ist für mich in der Therapie der schwierigste, aber auch bedeutsamste Moment: Wenn die zwei miteinander reden, ist viel erreicht. Reden heißt hier: aus einer wertschätzenden und kooperativen Haltung heraus.

In der Regel braucht man therapeutische Unterstützung und dauernde Ermutigung, um sich mit Selbst-Anteilen zu beschäftigen, die in ihrem Umgang miteinander unsere gesamte Bindungserfahrung widerspiegeln: Ich mag heute nichts mit dir zu tun haben, weil die Erwachsenen damals nichts mit mir zu tun haben wollten.

Nach meiner Erfahrung helfen für die Etablierung dieses inneren Dialogs bei Menschen mit traumatischen Erfahrungen in der Vorgeschichte all die im Handel sich befindlichen Ratgeber wie *Die Heilung des inneren Kindes* und *Aussöhnung mit dem inneren Kind* nur bedingt weiter. Was Sie aber außerhalb der Therapie oder in Vorbereitung auf eine Therapie tun können, ist, sich langsam miteinander vertraut machen.

Was ich meine, verdeutlicht ein Zitat aus dem *Kleinen Prinzen*, dieser wunderschön illustrierten Erzählung von Antoine de Saint-Exupéry – übrigens aus meiner Sicht auch eine Geschichte von einem traumatisierten Piloten und seinem Inneren Kind mit dem Namen »Der kleine Prinz«:

»Man kennt nur die Dinge, die man zähmt«, sagte der Fuchs. »Die Menschen haben keine Zeit mehr, irgendetwas kennenzulernen. Sie kaufen sich alles fertig in den Geschäften. Aber da es keine Kaufläden für Freunde gibt, haben die Leute keine Freunde mehr. Wenn du einen Freund willst, so zähme mich!«[22]

»Zähmen« steht hier für »sich vertraut machen« mit dem anderen und nicht für bändigen oder unterwerfen.

Ich möchte jetzt auch die Erwachsenensicht auf die traumatisierten inneren Kind-Zustände zu Wort kommen lassen: Schwierige innere Kind-Anteile sind ehrlich gesagt nicht problemlos, nicht leicht zu handhaben und anstrengend. Sie stehen für Vernachlässigung, Ablehnung, Entwertung, für körperliche und/oder sexuelle Gewalt im Leben eines Menschen. Sie sind häufig »jammerig«, verzweifelt, gierig, egozentrisch, unersättlich und manchmal auch sexualisiert – sie können gerne die Reihe der Adjektive fortsetzen. Der reflexhafte Gedanke »Mit denen will ich nichts zu tun haben, die schieße ich auf den Mond, dann ist endlich Ruh'« ist sicher zu verstehen, aber leider nicht sehr hilfreich.

Wir müssen uns das Ganze im Beispiel Paula (von der ich zuvor schon berichtet habe) in etwa so vorstellen: Paula kommt in die Therapie, weil sie ein unerwünschtes Verhalten, ein Symptom zeigt, dass sie überwinden will. Sie sagt in der ersten Sitzung bei mir: »Ich bekomme immer Angst, wenn Männer mehr von mir wollen, wenn sich eine Beziehung in Richtung feste Bindung entwickelt. Dann kriege ich Panik und muss weg. Ich breche die Beziehung von einem Tag auf den anderen ab.« Nachdem Paula das Teile-Modell kennengelernt hatte, konnte sie sagen: »Es gibt einen Teil in mir, der macht dieses Symptom, meine Bindungsangst. Und es gibt einen anderen Teil, der würde sich gerne binden.«

Das ist schon mal sehr wichtig und ergibt *Grundregel Nummer eins*: Nicht ich bin meine Angst, meine Essstörung, mein Symptom, sondern nur ein Teil von mir ist damit verbunden, ein anderer Teil will etwas anderes und sucht zum Beispiel nach Lösungen.

Das *zweite Grundprinzip* von uns Teile-Therapeuten an dieser Stelle ist, dass wir unterscheiden zwischen dem Verhalten (genannt »Symptom«) und einer positiven Absicht dahinter. Wir gehen davon aus, dass das hartnäckige Symptom von einem unbewussten Teil der Person verursacht wird, der sich über das Symptom bemerkbar macht und damit etwas Positives für die Person erreichen will. Durch die Teile-Arbeit soll die Kommunikation mit sich selbst erweitert werden, soll eine innere Ressource, ein Begleiter angesprochen werden. Unter dessen Anleitung kann der Patient / die Patientin befriedigender leben lernen.

Weiter gehen wir im *dritten Grundsatz* davon aus, dass im Symptom ganz viel nützliches Wissen gespeichert ist (implizites Wissen). Es gibt in Paula eine handlungsleitende Instanz, die damit Positives verfolgt. Nur hat diese positive Absicht einen hohen Preis und das entstandene Symptom wird meist als unangenehm und störend erlebt. Es wäre ja wohl auch zu viel verlangt, seine Panikattacken oder Kopfschmerzen zu mögen, auch wenn durch ihr Auftreten ein Loyalitätskonflikt zwischen Mutter und Tochter kreativ und elegant gelöst werden soll. Um das noch besser zu verstehen und die positive Absicht im Symptom zielgenauer in den Fokus zu rücken, hilft mir ein Satz aus der Hypnotherapie: »Nicht das Symptom ist das Problem, sondern das Symptom ist bereits die Lösung eines Problems!«

Wenn wir Paula nun bitten, dem Symptom eine Gestalt, einen Namen, ein Geschlecht, ein Alter zu geben, landen wir beim sechsjährigen Inneren Kind, welches Paula die »Angst-Paula« nennt. Das geht neurophysiologisch über Assoziation und Affektbrücken, indem die heutige Erfahrung von Bindungsangst im Körpergedächtnis und im Affektgedächtnis mit autobiografischen Erinnerungen an Bindungsängste von früher verglichen und dadurch ein Traumanetzwerk, ein eingefrorener Ego-State, aktiviert wird. In der Folge sieht sich Paula wieder als Sechsjährige, als sie die Mutter verloren hat.

Diese Angst-Paula, so könnte man sagen, ist eine Spezialistin für Bindungs- und Trennungsfragen, sie hat aus eigener leidvoller Anschauung viel Erfahrung damit und aus ihrer Sicht geht es dabei um alles, ums psychische Überleben. Angst-Paula hat eine gute Absicht: Sie will der erwachsenen Paula helfen und deshalb lässt sie sich nicht wegschicken. Das ist auch gut so, denn in Angst-Paula schlummert ein Wissen, das Paula für ihr Leben nutzen sollte, aber für ein Leben aus der heutigen erwachsenen Sicht und nicht aus der Sicht von Angst-Paula, die alles noch wie eine verlassene Sechsjährige am Rande der psychischen Dekompensation sieht – bei ihr steht immer noch der 6.4.1986, der Todestag der Mutter, auf dem Kalender.

Auch wenn im Moment die Kommunikation mit den schwierigen Inneren Kindern noch nervenstrapazierend erscheinen mag: Das Ziel ist es, die inneren Teile als therapeutisches Potenzial, als innere Verbündete zu gewinnen, mit denen Kommunikation aufgebaut werden sollte. Nur die respektvolle, kongruente und konstruktive Kommunikation mit »meinem anderen«, meinem Inneren Kind, eröffnet das kreative Potenzial dieses Teils.

Ich will dabei nicht verschweigen: Die Transformation einer nervigen, zum Teil aggressiv aufgeladenen Beziehung zwischen dem erwachsenen Selbst und dem schwierigen Inneren Kind in eine kooperative, versöhnte und wertschätzende Beratungsbeziehung ist kein einfacher Weg. Das ist aber auch nicht anders mit ganz realen Kindern, die ständig Aufmerksamkeit, Geduld und Liebe brauchen, aber auch Grenzen und klare Ansagen. Die Rama-Familie mit nur glücklichen Menschen, die knackfrische Brötchen schmieren, gibt es halt nur im Fernsehen.

Was braucht mein innerer Kind-Zustand?

Zuerst einmal ist wichtig: Vorsichtige Annäherung und wahrnehmen dessen, was ist, was passiert, was sich verändert, ohne gleich eine Wertung vorzunehmen. Das haben wir weiter vorn ja schon bei den Achtsamkeitsübungen ausprobiert. Wenn Sie einen »sicheren Ort« haben und mit dieser Übung vertraut sind, können Sie Ihr Inneres Kind an diesen Ort einladen und ihm vorschlagen, dass Sie sich um es kümmern. Erfragen Sie, was es braucht, um sich entspannt und wohlfühlen zu können.

Da für jeden von uns die inneren Kind-Zustände Symbolisierungen einer realen Kindheitserfahrung sind, entspricht die Form der Zuwendung für diese Kinder genau dem, was sie in ihrer Kindheit von Mutter und Vater gebraucht hätten und vielleicht auch manchmal real bekommen haben. Oder einfacher: Tun Sie das mit Ihrem und für Ihr Inneres Kind, was Sie heute als gute Mutter und guter Vater für die eigenen oder fremden Kinder tun würden, wenn es diesen schlecht geht. Gerade ein trauriges, gestresstes, quengelndes, weinendes Kind im Vorschulalter, aber auch später, braucht an erster Stelle Trost und Halt – jemand, der erreichbar und berührbar ist und der das Kind in den Arm nimmt und es beruhigt. Tun Sie einfach all das, was Sie sich damals gewünscht hätten. Seien Sie dabei aber auch etwas kritisch und überlegen Sie, ob das dem Inneren Kind langfristig wirklich nützt. Wenn Sie sich dabei ertappen, dass Sie jetzt seit zwei Wochen täglich zu McDonald's gehen, dann ist da etwas schiefgelaufen. Was ich damit sagen will, ist, dass Sie auf der einen Seite Geduld brauchen und auf der anderen Seite versuchen müssen, in der Erwachsenenposition zu bleiben.

Sachsse (2007) schreibt über das Trösten des Inneren Kindes mit Recht: »Klappt das immer gleich? Nein, es klappt nicht immer gleich. Was brauchen gute Eltern dann? Richtig: Geduld! Beruhigung und Trost von Kindern ist eine Geduldsfrage. Das bedeutet leider: Als Mutter oder Vater müssen wir geduldiger, gelassener, belastbarer sein als die Kinder selbst. Etwas mehr Stress müssen wir schon aushalten und auch ertragen können, sonst können wir die Kinder nicht geduldig beruhigen. Wenn wir selbst reagieren wie ein Kind, dann können wir ein Kind nicht gut beruhigen. Das ist ja auch das Problem, wenn ältere Geschwister verantwortlich sind für die Beruhigung, vielleicht sogar für die Erziehung von jüngeren Geschwistern. Die haben einfach noch nicht jene Geduld und Gelassenheit, die die Erwachsenen inzwischen hoffentlich haben.«[23]

Innere Kinder und ihre Grenzen

Ältere Kinder brauchen neben dem Trost auch viel Bestätigung, Lob und Anerkennung. Aber was ebenso wichtig ist, sind Grenzsetzung und eine klare Position Ihrerseits. Innere Jugendliche können genauso pampig, abweisend und gesprächsverweigernd reagieren, wie Sie das von den eigenen Kindern in der Pubertät oder von der 16-jährigen Tochter Ihrer besten Freundin kennen – trotzige Verweigerung und »Null-Bock«-Mentalität gibt es innen wie außen. Oder denken Sie nur an sich selbst: Wie war das denn damals, als Sie in der Pubertät waren? Ich vermute, Sie waren auch nicht gerade pflegeleicht, haben nur im Kirchenchor gesungen und nur Einsen nach Hause gebracht. Dass das damals etwas anderes war, hatte sicher gute Gründe, aber gehen Sie doch mal in die Erwachsenenposition: Was hätten Sie damals von Ihren Eltern, Lehrern, Sporttrainern usw. gebraucht, damit es Ihnen besser gegangen wäre? Wenn Ihnen aus der Distanz und mit einem Schlag Selbstironie jetzt etwas einfällt, wäre das prima. Wenn es konstruktiv ist und Sie und Ihren Inneren Jugendlichen weiterbringt, dann bieten Sie es ihm an.

Ich möchte noch auf einen heiklen Punkt zu sprechen kommen. Lassen Sie es mich an einem Beispiel verdeutlichen: Jede eindeutige bis einseitige und starre Position hat Vorteile, aber auch Nachteile. Konservatives und wertorientiertes Denken ist gut, solange es vor der totalen Gleichgültigkeit des hemmungslosen Turbokapitalismus versucht, Werte wie Erhalt der Schönheit der Natur und der Zwischenmenschlichkeit zu schützen. Es ist aber schlecht, wenn damit sinnvolle und notwendige Innovationen blockiert werden. In diesem Sinne sind schwierige, traumatisierte Innere Kinder erzkonservativ.

Gehen wir einmal davon aus, dass Menschen mit traumaassoziierten Störungen mehrere innere Kind-Zustände haben, dann hat jedes dieser Inneren Kinder eine eigene Wahrnehmung, eine eigene logische Ebene, eine eigene Weltsicht und eigene Bedürfnisse. Dieses Innere Kind ist nicht nur einfach wertvoll, schreibt Stephen Wolinsky (2004), sondern es hat auch eine dysfunktionale Seite, eine Schattenseite. Die Verzerrung der Wahrnehmung dieses Inneren Kindes erschafft immer wieder aufs Neue Probleme, indem es die Welt durch veraltete und begrenzende Linsen betrachtet und seine eingefrorene innere Vergangenheit der Gegenwart überstülpt. Wolinsky ist radikal, wenn er einen Paradigmenwechsel vorschlägt, indem er den Mythos des unschuldigen Inneren Kindes zerstört und die Power darstellt, mit der dieses Innere Kind den Erwachsenen und Beobachter immer noch und Jahre nach dem traumatischen Erlebnis dominiert.

Auch wenn das Festhalten an alten Glaubenssätzen aus der Traumaerfahrung heraus verständlich und erst mal sinnvoll ist, so darf daraus keine Ideologie werden: »Ich habe mit einem Mann in der Kindheit eine schlechte Erfahrung gemacht, deshalb sind alle Männer für mich böse und sexistisch – meine Mutter hat von dem allen immer gewusst und geschwiegen, deshalb sind alle Frauen gefühlskalt und hinterhältig«. Das kann für den Moment so erlebt werden, sollte aber nicht das letzte Wort zu dem Thema gewesen sein. Ich orientiere mich immer am Therapieziel, wie es der hypnosystemische Therapeut Gunther Schmidt frei nach Heinz von Foerster in seinen Seminaren formuliert: Das Ziel der Therapie ist ein Mehrerleben von

- Eigenkompetenz,
- eigener Gestaltungsfähigkeit und
- ein Erreichen von mehr Wahlfreiheit.

Dadurch entsteht ein erhöhtes Maß an Selbstachtung und Wertschätzung für sich selbst und die anderen. Folgt man diesem Credo, dann kann es in einer inneren Familienkonferenz nur darum gehen, gemeinsame Ziele zu formulieren, mit denen alle leben können: der Erwachsenen-Teil, die inneren Kind-Anteile und die Jugendlichen-Anteile.

Dies bedeutet, ganz praktisch, dass Sie Ihr schwieriges Inneres Kind nicht überall mit hinnehmen müssen. Es gibt Ereignisse in Ihrem Leben, die eigentlich nur Erwachsene etwas angehen, zum Beispiel Ihre tägliche Arbeit, aber auch Ihre erwachsene Sexualität. Warum sollte Ihr Inneres Kind seine Meinung beisteuern und mit seinem katastrophalisierenden Denken die Situation in der Gegenwart noch komplizierter gestalten, wenn es um die Frage geht, ob Sie Ihren Arbeitsplatz kündigen und sich in einer anderen Firma bewerben. Warum sollte das Kind in der inneren oder einer angenommenen äußeren (Selbst-)Familie mitentscheiden, wenn es um die Frage geht, welches Finanzierungsmodell für den Kauf der Eigentumswohnung sinnvoll ist? Soll es nicht! Mit anderen Worten: Die dauerhafte Regression auf Kindniveau ist eher kontraproduktiv und zeigt, dass der erwachsene Teil in Ihnen sich nicht in der Lage fühlt, die Führung und Organisation des inneren Systems erwachsen zu übernehmen. Von der durch die Eltern vorgelebten rigiden Unerbittlichkeit in die Laisser-faire-Haltung zu wechseln, ist nur ein gradueller Fortschritt: Über-Strukturierung wechselt in Unter-Strukturierung.

Was ich vorschlage, ist, Ihre erwachsene Position zu stärken und es Ihren inneren Kind-Zuständen ganz gezielt zu ersparen, durch einige Ereignisse beunruhigt zu werden, welche sie gar nicht in der Gänze verstehen können.

Ich will Ihnen das an einem eigenen Beispiel verdeutlichen: 2006 war ich zu einem großen Ego-State-Kongress in Südafrika und sollte einen Vortrag halten. Am Tag vorher merkte ich, wie aufgeregt ich war und ich immer wieder dachte: »Warum bin ich bloß hierher gefahren, zu Hause wäre jetzt alles viel gemütlicher!« Als ich diesen Gefühlen innerlich nachspürte, merkte ich, dass ich Angst vor Beschämung hatte, Angst, ich könnte mit meinem Vortrag bei diesem internationalen Kongress nicht nur mitleidiges Lächeln, sondern sogar Ablehnung ernten. Als ich danach fahndete, welcher Teil in mir dieses Schamgefühl und die Entwertungsangst machte, erinnerte ich mich an einen 12- bis 13-jährigen Jochen, der mit seinen Eltern in den 1960er-Jahren durch Osteuropa reiste und sich total für seine Eltern schämte, die mit wohlgemeinten Gesten und Handlungen versuchten, individuell »Bedürftigen«, zum Beispiel armen Menschen auf einem Markt in Sarajevo, mit kleinen Geldgeschenken zu helfen. Gut gemeint ist das Gegenteil von gut, dachte der Teil von mir damals und schämte sich für seine Eltern. Am liebsten wäre ich im Erdboden versunken. Als ich das verstand, sprach ich im Hotelzimmer mit diesem Teil am Morgen vor dem Vortrag und bat ihn, es sich hier gemütlich zu machen. Ich stellte mir vor, er bliebe im Hotelzimmer und schaue südafrikanisches TV usw. Der Vortrag war eine Erwachsenen-Veranstaltung, er musste da nicht mit. Als das klar war, lief alles ohne große Probleme, und ich fühlte mich wohl, weil ich wusste, meine Schambereitschaft war im Hotel geblieben.

Manchmal hat man einfach genug mit den äußeren Umständen zu tun, dass die inneren Kind-Zustände einfach nur stören, die inneren Bedenkenträger und Fehlerzähler einfach nur nerven. Dieses Problem sehe ich bei vielen meiner Patienten: Das Trauma und die im kindlichen Zustand eingefrorene traumatische Erfahrung und deren »Erlösung« und Weiterentwicklung ist die eine Seite. Die andere ist, dass der erwachsene Anteil das Leben heute bestimmen sollte, mit heutigen Lebenszielen und Wünschen – und die können nicht die Perspektive von damals verkörpern. Die Vergangenheit dient dem Verstehen der Gegenwart, sie ist aber kein Freibrief für jedwedes Verhalten und dient nicht dazu, keine Verantwortung für sich *heute* übernehmen zu wollen.

7

Die idealen Eltern

Wer hat sich nicht schon einmal gewünscht, andere Eltern zu haben, Eltern, die einen immer verstehen, die immer ihre Interessen zu unseren Gunsten zurückstellen, immer geduldig zuhören und uns unterstützen? Eltern wie im Märchen, die so dankbar sind, dass es uns gibt, dass sie uns ein Schloss bauen. Solche Eltern gibt es nicht, das wissen wir heute als Erwachsene. Aber damals, als wir uns total missverstanden, beschämt, abgelehnt und verlassen fühlten, damals haben wir uns solche Eltern gewünscht – und das war gut so. Es waren Selbstheilungsversuche, um den Stich einer Kränkung, um den schmerzlichen Moment für unser Selbstgefühl zu besänftigen, indem wir die, die uns das angetan hatten, mit unserem vernichtenden Urteil abstraften. »Ihr habt versagt, weg mit euch … es gibt bessere Eltern, die meine wahren Werte erkennen«.

Menschen mit unglücklichen Familiengeschichten, zu denen viele traumatisch Belastete gehören, können bei dieser Schilderung nur müde lächeln: Sie hätten zum Überleben nicht ideale Eltern gebraucht, sondern nur ganz normale Eltern – solche, die bereit oder überhaupt in der Lage gewesen wären, einem Kind eine gute Mutter, ein guter Vater zu sein.

In solch verzweifelten Situationen nehmen viele Kinder Zuflucht zur Vorstellung, zumindest in der Fantasie ideale Eltern zu haben, um den Inneren Kindern in der Zeit der Not liebevolle und kluge Helfer zur Seite zu stellen, um mit deren Hilfe aus dem Schrecken und der Erstarrung herauszukommen.

Wenn heute die inneren Kind-Anteile manchmal den Kontakt mit dem Erwachsenen-Selbst ablehnen, weil sie diesem misstrauen, da es sich in der Vergangenheit handlungs- und entscheidungsschwach gezeigt hat, dann ist es hilfreich, ideale Elternfiguren zur Unterstützung der Inneren Kinder zu schicken, denen diese vertrauen können. Das können menschliche Gestalten sein, die idealen Eltern können aber auch durch Tiere oder Figuren aus dem Märchen verkörpert werden. Sie müssen nur die Not des Inneren Kindes verstehen und bereit sein, dem Kind-Anteil zu helfen. Die Erfindung der idealen inneren Eltern ist ein wichtiger Schritt in Richtung Selbstregulation und Selbstfürsorge.

Die verinnerlichte Mutter

Ich möchte jetzt Ihre Aufmerksamkeit und Neugierde auf weitere »Bewohner« Ihres Innenraumes lenken, die sich von den Inneren Kindern dadurch unterscheiden, dass sie erwachsen sind, aber auch etwas mit den wichtigen Menschen der Frühzeit Ihres Lebens zu tun haben. Wir Psychotherapeuten nennen diese Innenraumbewohner »Introjekte«, was so viel heißt wie »Die Hineingeworfenen«. Das klingt im Moment vielleicht ziemlich abenteuerlich, aber lassen Sie sich überraschen!

Zuerst etwas ganz Prinzipielles: Alle Kinder verinnerlichen das Verhalten, die Eigenheiten und die Grundeinstellung ihrer Mutter und erzeugen auf diese Weise eine interne Mutterfigur (= Introjekt) – ein Bild, mehr noch ein Ur-Bild der äußeren Mutter. Das eben Gesagte gilt natürlich genauso für den Vater oder andere prägende Bezugspersonen. Diese interne Mutter ist ein Duplikat der äußeren Mutter, wie sie sich dem Kind gezeigt hat, wobei sich dieses Duplikat aber auch noch mit anderen einflussreichen Mutterfiguren aus der Umgebung vermischt und auch die kulturellen Vorstellungen von guten oder schlechten Müttern enthält, die wir als Kind unbewusst verinnerlicht haben. Deshalb habe ich von einem Ur-Bild, einem prototypischen Mutterbild, gesprochen. Verliert die äußere Mutter an Einfluss auf uns, entweder weil wir erwachsener werden oder in einer anderen Stadt leben, dann kann die »Mutter in uns« stellvertretend diese Rolle weiterführen, uns bemuttern und unsere einzigartigen Anlagen und Fähigkeiten fördern, unsere Persönlichkeit bestärken, uns helfen und trösten – oder auch nicht. Dann haben wir eine strenge und kalte Mutter in uns, die alles, was wir tun und denken, entwertet.

Lassen Sie mich diese Behauptungen mehr aus einer rationalen psychologischen Perspektive betrachten: Was versteht man eigentlich unter einem Introjekt und dem Vorgang der Introjektion?

Introjekte sind Stellvertreter oder »Schauspieler« auf der inneren Bühne, die die Rolle einer Außenperson übernehmen. Introjektion nennt man den Prozess, den Vorgang, durch den die Rolle und die Funktion einer realen Person durch ein »Introjekt« im Innenraum übernommen wird –

man könnte das die geistige Repräsentation dieser Person nennen. Zum Beispiel wird die Abwesenheit einer geliebten Person, die verstorben ist oder uns leider verlassen hat, durch ihr mentales Bild in unserem Geiste ersetzt, was den Schmerz der Trennung weniger akut und weniger schmerzlich macht. In diesem Falle haben Introjekte die Funktion eines psychischen Verteidigungssystems. Sobald die Introjekte vollständig durch Identifikation[24] verdaut und assimiliert (»aufgesaugt«) sind, helfen sie der Person, unabhängiger, autonomer und selbstbewusster zu werden, indem die Eigenschaften der Person in unser Selbstwertsystem übernommen werden. Wir sind dann einfach ehrlich und klauen nicht das Fahrrad des Nachbarn, auch wenn wir dann nicht mehr wissen, wann und wo wir das – und vor allem von wem (das wäre das Introjekt) – gelernt haben.

Verallgemeinernd könnte man sagen: Entstanden sind Introjekte aus der Verinnerlichung von wichtigen Elternfiguren in den ersten Phasen der Lebensentwicklung. Die positiven Introjekte sind in ihrer Art liebevolle, freundliche und nährende Selbst-Zustände (Ego-States), zum Beispiel die gute innere Mutter, der schützende innere Vater, der gütige Opa usw.

Neben diesen positiven Introjekten gibt es aber auch negative Introjekte. Darunter fassen wir destruktive und übelwollende Ich-Zustände und nach der Erfahrung eines Gewalttraumas, wo ein Opfer einem oder mehreren Tätern gegenübersteht, die Täterintrojekte. Introjekte beinhalten in ihrer Legende die Glaubensbekenntnisse, das Verhalten, die Meinungen, die Bedürfnisse und die Geschichte der verinnerlichten Person. Je mehr dieser Rolleninhalt von den sonstigen Wertenormen des Gesamtsystems des Opfers abweicht, umso schwieriger ist es für einen Menschen, ein solches durch Traumaerfahrung (zum Beispiel durch Vergewaltigung) aufgezwungenes Introjekt, zu verdauen: Das Introjekt wird zum Fremdkörper im Selbst-System. Opfer von Gewalt berichten dann von einer ewig nörgelnden inneren Stimme, von Gedanken über Selbstbestrafung bis hin zu einer Stimme, die zu Selbstverletzung und Selbstmord auffordert – aber das ist ein anderes Thema.

Kehren wir wieder zum verinnerlichten Bild der Mutter oder des Vaters der frühen Kindheit zurück. Sie werden sich jetzt vielleicht fragen, ob Sie auch so ein Bild einer guten, nährenden Mutter oder eines schützenden Vaters besitzen. Wie könnten Sie das am besten herausbekommen? Denken Sie doch einmal an eine Situation aus der jüngsten Vergangenheit: Sie waren am Morgen erwacht und fühlten sich krank, Ihnen war elend zumute, eine Erkältungskrankheit hatte Sie gepackt, leichtes Fieber, die Nase lief. Wie war das mit der inneren Stimme? Hörte die sich eher an nach: »Los, hab dich nicht so, steh auf und tue was, du Weichei!« oder mehr nach »Überleg mal, was dir jetzt guttun würde, sorge für dich … mach dir doch ein heißes Erkältungsbad, bleib im Bett heute« usw.

Ich erinnere mich, dass das lange bei mir nicht so eindeutig war und meist, fast schon reflexhaft, der »Fehlerzähler« und Miesmacher auf die innere Bühne sprang und mich aus dem Bett scheuchte. Aber ich habe gelernt, in solchen Momenten meine gute innere Mutter in Verkleidung einer gütigen Krankenschwester zu befragen, was jetzt zu tun sei, und neige heute immer mehr dazu, ihren Ratschlägen zu folgen.

Und was ist mit der »Bevaterung«? Das war schwieriger für

mich: Hineingeboren in die Vaterlosigkeit der 1950er- und 1960er-Jahre hatten diese anwesenden und für uns Söhne doch nicht greifbaren Väter es versäumt, einen bleibenden guten Eindruck zu hinterlassen. Vielleicht hingen sie immer noch ihren nostalgischen »Kameradschaftsfantasien« aus dem verlorenen Krieg nach, bekamen da ihre feuchten Augen und verstanden das Wort »Vater-Kind-Liebe« zwar, aber fühlten es nicht. Schon früh begann ich das blasse, reale Bild des eigenen Vaters durch ein freundliches Bild des idealen Vaters zu überschreiben, welches mich bis heute begleitet.

Was ich daraus gelernt habe? Wir müssen wirklich lernen – und das meine ich wörtlich und ist häufig sehr mühsam –, uns eine eigene gute Mutter, ein eigener guter Vater zu sein und uns irgendwann mal ganz bewusst und ehrlich auch zu sagen, innerlich vorzusprechen: Ich will mir selbst eine gute Mutter sein. Ich will es nicht vom Partner oder von der Freundin oder von anderen Freunden, sondern ich gebe mir das wirklich selbst und bin nicht mehr abhängig. Wenn etwas schiefgeht oder etwas nicht geklappt hat, sollte man sich in den Arm nehmen und sagen: »Mensch, das geht schon weiter, du hast so vieles geschafft …« oder: »Gönn dir einfach mal Ruhe, tue dir was Gutes usw.«

Die Werbung nutzt das schon lange: Mit dem Slogan »Weil Sie es sich wert sind« greift L'Oréal Paris dieses Thema geschickt auf und versucht über diese Werbebotschaft den Kund*innen die moralische Erlaubnis zu geben, ohne schlechtes Gewissen die teuren Schönheitsprodukte als Ersatz für wirkliche Selbstliebe zu kaufen.

Wobei wir bei einem weiteren schwierigen Kapitel wären: der Selbstliebe.

Selbstliebe

Was kann ich dazu noch sagen, ohne nach all dem, was in Lebensratgebern und »Schöner-leben«-Broschüren geschrieben steht, Gefahr zu laufen, nur Plattitüden von mir zu geben?

Die Definition beim Online-Lexikon Wikipedia macht es einem leicht, sich zumindest vorzustellen, Selbstliebe könnte ein positiver Begriff sein und nicht eine Eigenschaft von der Giftliste der Egozentriker und Erotomanen: »Selbstliebe bezeichnet die allumfassende Annahme seiner selbst in Form einer uneingeschränkten Liebe zu sich selbst. Der Begriff ist sinnverwandt, jedoch nicht vollständig synonym mit Begriffen wie Selbstannahme, Selbstachtung, Selbstzuwendung, Selbstvertrauen und Selbstwert.«[25] Das klingt doch mehr danach, dass Selbstliebe etwas anderes sein könnte als der Vorwurf: Du bist immer so egozentrisch, überheblich, arrogant, kreist um dich selbst und bist ein »Ich-Mensch«. Wo liegt der Unterschied?

Das Grundproblem im Denken vieler Menschen ist, dass sie fest davon überzeugt sind, Liebe zu sich selbst und Liebe zu anderen würde sich gegenseitig ausschließen. Daher wird die Selbstliebe als etwas Negatives, die Liebe zu anderen aber als sehr erstrebenswert angesehen und ideologisch-religiös verbrämt. An der Stelle zitiere ich dann den Bibelspruch aus den Büchern Mose: »Liebe deinen Nächsten wie dich selbst«, ein Satz, der immer wieder verblüfft und Raum zum Nachdenken gibt. Dieses Bibelzitat besagt, dass die Selbstliebe nicht von der Liebe zu anderen zu trennen ist, und fordert auf, beides zu tun: sich und andere im gleichen, nicht im selben Maß zu lieben. Aber ich glaube, dass damit noch mehr und nicht nur eine Art Fifty-fifty-Mengenverteilung gemeint ist: Selbstliebe und Nächstenliebe stehen in einer Art kausaler, nein besser zirkulären Beziehung – das eine ist ohne das andere nicht zu verwirklichen. Die Liebe zu anderen und besonders zum Partner ist also nur dann möglich, wenn ein gewisses Ausmaß an Achtung vor der eigenen Integrität und Einzigartigkeit vorhanden ist. Einfacher gesagt: Wer sich selbst nicht mag, kann auch andere nicht mögen.

All diese Missverständnisse und Fehlinterpretationen zum Thema »Selbstliebe« entstehen, weil der zweite Teil des Satzes »Liebe deinen Nächsten *wie dich selbst*« häufig weggelassen und in unserer Erziehung vernachlässigt wurde. Aus Angst, mit dem Begriff »Selbstliebe« könnten Selbstsucht, Arroganz und Überheblichkeit gemeint sein, richtet sich häufig die Erziehung des Kindes durch Mutter oder Vater auf den ersten Teil: Liebe mich und die anderen – und das nicht ganz uneigennützig.

Wenn man genau hinschaut, ist da häufig ein tief greifendes Selbstwertproblem der Erwachsenen versteckt: Ich brauche dich, liebe nur mich, alles andere ist böser Egoismus, du bist ein undankbares Kind. Und so wird die Unfähigkeit, sich selbst zu mögen und für sich gut zu sorgen, von den einen, die ihre Kinder (miss-)brauchen, um sich als Erwachsene etwas wert zu sein, auf die nächste Generation verschoben, die so nicht erfahren kann, was es heißt, »selbstlos« – soweit das überhaupt geht – geliebt und angenommen zu werden. Der Narzisst verhält sich ja als Erwachsener nicht deshalb so egozentrisch und wichtigtuerisch, weil er sich zu viel, sondern zu wenig liebt und sich für minderwertig hält. Erich Fromm, der große Psychoanalytiker, Philosoph und

Sozialpsychologe schreibt 1956: »Es stimmt, dass selbstsüchtige Menschen unfähig sind, andere zu lieben; sie sind jedoch genauso unfähig, sich selbst zu lieben.«

Ich möchte das Thema an dieser Stelle nicht weiter vertiefen, nur dazu ermutigen, genau hinzuschauen, ob ein Verhalten, wie eine Abgrenzung gegenüber dem Partner oder der Partnerin, wirklich aus sogenanntem Egoismus und Arroganz erfolgt oder aus wohlverstandenem Selbstschutz und Selbstachtung. Dass der andere, in diesem Falle der Betroffene, das meist anders sieht, ist zu erwarten – es wäre doch wirklich zu viel verlangt, auch noch Dankbarkeit vom anderen zu hören, wenn wir um unserer selbst willen einmal Nein sagen. Bitten wir lieber unsere idealen inneren Eltern, unsere inneren Helfer und Unterstützer, wenn wir aus Schuldgefühlen drohen, schwach zu werden, um Standhaftigkeit.

Aus meiner Sicht haben sich vier Schritte zum Erlernen einer gesunden Selbstliebe bewährt:

1. Freundlicher und gütiger Umgang mit sich selbst, eine Haltung des Selbstverzeihens und der Toleranz: Fragen Sie sich mehrfach am Tag: Wie kann ich mir selbst guttun? Was brauche ich gerade jetzt? Beispielsweise ein Gespräch, ein Bad, frische Luft, eine Pause, eine Nackenmassage, einen kleinen Spaziergang etc. Und wenn es sein muss, auch eine Zigarette, einen Joghurt oder eine Nonsenssendung im Fernsehen.
2. Versuchen Sie strikt, jede Form von seelischem und körperlichem Missbrauch durch andere zu unterbinden. Lassen Sie es nicht zu, dass irgendjemand Sie demütigt, benutzt oder terrorisiert, auch wenn Sie glauben, damit

einen Vorteil an Verantwortungsabgabe oder der Hoffnung, weniger allein zu sein, zu erreichen.
3. Kommen Sie aus der Schmollecke und geben Sie die Opferrolle auf. Kleben Sie sich einen Zettel an den Spiegel im Bad: »Ich akzeptiere mich, wie ich bin« oder: »Guten Morgen … schön dich zu sehen!« Sie sind den Umständen nicht hilflos ausgeliefert – irgendwas geht immer. Aus meiner Erfahrung mit Patienten und aus dem eigenen Leben gilt der Satz: Entweder kann ich die äußeren Bedingungen verändern oder aber meine Einstellung dazu.
4. Was es heißt und wie das aussieht, mich selbst liebevoll anzunehmen und zu akzeptieren, auch mit meinen Fehlern, Macken und Schrammen, kann nur ich selbst entscheiden – nicht die anderen.

Wenn wir bei der Frage »Wie viel Selbstliebe ist erlaubt, ohne von anderen als arrogant gesehen zu werden?« nach innen hören, meldet sich garantiert ein innerer Anteil, ein innerer Kritiker, ein Besserwisser und strenger Oberlehrer, der aus der frühkindlichen Erfahrung mit lieblosen Erwachsenen entstanden ist, und hält uns mehr oder weniger christliche Moralpredigten. Erika Chopich und Margaret Paul beschreiben diese falschen Glaubensmuster, die dieser ätzenden Selbstkritik zugrunde liegen, in ihrem Werk *Das Arbeitsbuch. Zur Aussöhnung mit dem inneren Kind.* Dieses Muster könnte lauten:

- Ich kann mich selbst nicht glücklich machen, andere können das besser als ich.
- Andere sind für meine Gefühle verantwortlich und ich bin für ihre verantwortlich.

- Ich wäre egoistisch und falsch, wenn ich mich selbst glücklich machte.
- Im Grunde meines Wesens bin ich schlecht.
- Am besten ist es, Bedürfnisse nach Liebe und Zuwendung wegzuschieben.[26]

Das ist kurz und knapp zusammengefasst, worin das Problem besteht. Das sind die Botschaften, von denen wir zuerst von außen bombardiert wurden und die sich in unserem Geist tief eingegraben haben. Nichts davon stimmt! – Zumindest hat es ausgedient, uns nach diesen einseitigen Maßstäben die Welt und die Beziehung zu den anderen Menschen zu erklären. Lassen Sie sich nicht mit dem Vorwurf »Du bist egoistisch« mundtot machen, prüfen Sie genau, was dran ist, und entscheiden Sie dann: Was davon ist für mich und meine Selbstfürsorge unabdingbar und was ist für meine Bindung zu anderen wichtig? Auf die richtige Balance zwischen Selbstliebe und Fremdliebe kommt es an, um psychisch zu wachsen und nicht vor lauter unterwürfigen Selbstskrupeln oder kalter Selbstüberschätzung zu verkümmern. Im Buch *Der Mann ohne Eigenschaften* von Robert Musil heißt es: »Wer sich selbst nicht auf die rechte Art liebt, kann auch andere nicht lieben. Denn die rechte Liebe zu sich ist auch das natürliche Gutsein zu anderen. Selbstliebe ist also nicht Ich-Sucht, sondern Gutsein.« In dem Sinne!

8

Der Tanz von Gegenwart und Vergangenheit

»Was ist Zeit? Wenn mich niemand danach fragt, dann weiß ich es. Wenn ich es jemand auf seine Frage hin erklären soll, dann weiß ich es nicht«, sagte einst der Philosoph und Theologe Augustinus,[27] ein Gelehrter der christlichen Spätantike. Viel genauer können das Phänomen »Zeit« auch heutige Naturwissenschaftler kaum beschreiben. Der amerikanische Quantenphysiker John Wheeler sagte einmal: »Die Zeit ist das, was verhindert, dass alles gleichzeitig passiert.«

Okay, das ist ja schon mal was …

Machen wir zusammen einen kleinen Versuch. Schließen Sie bitte kurz die Augen, entspannen Sie sich und denken Sie jetzt an ein Kindheitserlebnis vor Ihrem zehnten Lebensjahr, zum Beispiel an Ihre früheste Kindheitserinnerung, Ihren ersten Schultag, Urlaub am Meer mit den Eltern usw. Haben Sie diese Sequenzen vor Augen? Dann denken Sie an ein Erlebnis aus Ihrer Jugendzeit, die Tanzstunde, den ersten Kuss – auch das sollte kein Problem sein. Unser ganzes Leben, zumindest wesentliche Teile davon sind – so scheint es uns – wie in Videosequenzen in unserem Gehirn abgespeichert und stehen auf Abruf zur Verfügung.

Wenn wir an unser vergangenes Leben denken, dann stellen wir uns die Zeit, die bis zu jenem Moment dauerte, als Sie diesen Satz lesen, als eine unendliche Aneinanderreihung von einzelnen Erlebnissen vor – glücklichen und unerfreulichen, klar erinnerten und schemenhaft im Nebel des Vergessens versunkenen. Unser Leben scheint einen Weg zurückgelegt zu haben, wie der Sekundenzeiger unserer Uhr, der ein Zentrum umschreitet, wie eine Zeitlinie, die von links nach rechts läuft, von der Geburt bis heute. All diese Bilder der Bewegung in der Zeit verdanken ihre Entstehung den Bildmetaphern, die wir benutzen, um uns verrinnende Zeit vorzustellen: das Fotoalbum unserer Kindheit, das unser Leben in Bildern in eine Reihenfolge bringt, das Schreiben auf dem Papier von links nach rechts oder der Lebensroman, der das gelebte Leben in Kapitel einteilt. Dies alles sind Konstruktionen unseres Gehirns, um ein Phänomen bildhaft zu erfassen, was sich eigentlich unserem Verstehen entzieht: die fließende Zeit, mit Vergangenheit, Gegenwart und Zukunft.

Gewöhnlich verbinden wir mit der Zeit etwas, das aus der Vergangenheit durch die Gegenwart und darüber hinaus zur Zukunft strömt, und wir nehmen an, dass wir innerhalb dieser Zeit leben. Bei allem, was wir heute über unser Gehirn wissen, scheint es darin nur Gegenwart zu geben: unser Leben, eine Aneinanderreihung von unendlich vielen Gegenwarten, ein flüchtiger Moment, eingeklemmt zwischen dem, was schon Vergangenheit ist und noch nicht Zukunft. Um mir das vorstellen zu können, muss ich aus der Vergangenheit und der Zukunft jeweils einen kleinen Abschnitt abtrennen und beides zusammenfügen: Das ist der *Gegenwartsmoment*, und der ist für uns Menschen bis zu drei Sekunden lang. »In diesem Zeitraum können wir Ereignisse unmittelbar zusammenbringen, wie etwa die Folge von Tönen in einer Melodie. Erhält das Hirn nach drei Sekunden keine neuen Reize, so stellt es sich quasi die Frage: ›Was gibt es eigentlich Neues?‹ – und konstruiert einen neuen Moment der Gegenwart.« (Lublinski 2005) Der Gegenwartsmoment ist das, was wir auch mit dem subjektiven »Jetzt« bezeichnen, wie es der bekannte Säuglingsforscher Daniel N. Stern (2005) einmal ausgedrückt hat. Die Vergangenheit ist bereits vorüber, und die Zukunft existiert noch nicht. Was existiert, ist eben dieser einzige Moment der Gegenwart.

Diesen einmaligen Moment zu leben, diesen Augenblick zu erfahren, ist das Ziel von Übungen, die ich erwähnte, als wir uns im Kapitel 3 mit der inneren Achtsamkeit beschäftigten (Abschnitt »Achtsamkeit, Selbstachtung und positive Gefühle im Alltag«). Diese Methode der »achtsamkeitsorientierten Psychotherapie« beruht auf den Lehren des Zen, die alle unter uns erfahren können, die sich schon einmal auf das Erlebnis eines Intensivkurses, Zen-Sesshin (japanisch etwa: »geistige Sammlung«) genannt, eingelassen haben.[28] Am Ende eines Tages mit Sitzen, Meditieren und Gehen heißt es da: »Die Vergangenheit ist tot und die Zukunft noch nicht lebendig. Wir leben nur in der Gegenwart, unsere Heimat ist der Augenblick.«

Dieses Stück Gegenwart saust nicht spurlos an uns vorbei, sondern nimmt sich etwas Zeit zum Verweilen – wie gesagt, bis zu drei Sekunden – und wird dann zur Vergangenheit. Es entfaltet sich entlang dieser Zeitstrecke und erzeugt unser bewusstes Erleben des Augenblicks. Die Kontinuität des Erlebens entsteht trotz der Zerstückelung dadurch, dass die aufeinanderfolgenden Einheiten oder Wahrnehmungsgestalten, wie man auch sagen könnte, inhaltlich miteinander vernetzt sind.

Dass wir subjektiv ausschließlich in der Gegenwart leben, ist gar nicht so leicht zu begreifen. Ich will das an einem alltäglichen Beispiel verdeutlichen: Meine Frau erinnert sich an ein Essen mit Freunden letztes Jahr in Südfrankreich. Die Erfahrung des Sich-Erinnerns findet für meine Frau ausschließlich im Jetzt statt: Immer wenn wir etwas aus der Vergangenheit nacherleben, findet es in der Gegenwart statt, und wir spüren auch beim Erzählen, dass wir nicht dort, sondern hier sind, hier im Jetzt. Das Gleiche gilt für Vorstellungen aus der Zukunft: Auch sie werden jetzt erlebt. Aber wie weiß das Gehirn, dass eine Erinnerung aus der Vergangenheit stammt oder der Zukunft angehört? Wo werden den Erinnerungsspuren die Zeitmarkierungen aufgeprägt?

Wie das alles genau funktioniert, ist den Hirnforschern bis heute ein Rätsel und braucht uns an dieser Stelle nicht weiter zu interessieren. Was wir aber festhalten sollten:

- In unserem Gehirn gibt es nur subjektive Gegenwart.
- Die Vergangenheit als eine Abfolge von Ereignissen ist eine Konstruktion in der Gegenwart mit Hilfe des Gedächtnisses.
- Das Gedächtnis ist nach Heinz von Foerster (1999) nicht eine Sache des Rückblicks, sondern es ist da, um Voraussagen machen zu können.

All diese Vorrede über die Gegenwart in unserem Gehirn hat mich nun endlich an den Punkt gebracht, um mit Ihnen über die Frage nachdenken zu können, inwieweit die Ereignisse der Vergangenheit maßgeblich für das Erleben der

Gegenwart verantwortlich sind – miese Vergangenheit sozusagen als Ursache für mieses Karma heute; oder aber, ob die Gegenwart die Wirkung der Vergangenheit bestimmt, wie Gunther Schmidt meint. Wie auch immer: Vergangenheit und Gegenwart scheinen bei ihrem Tanz nicht ohneeinander zu können.

Mieses Karma heute oder: Man sollte sich seine Eltern besser aussuchen

Die Psychoanalyse bezieht hier klar Stellung: Die Vergangenheit lebt in der Gegenwart fort. In einem Internetratgeber über analytisches Denken heißt es: »Wo suchen Psychoanalytiker die Ursache für meine Beschwerden? Psychoanalytiker gehen davon aus, dass die Ursache Ihrer aktuellen Problematik in Ihrer (frühen) Kindheit liegt. Die Symptome, die Sie momentan zeigen, oder die Probleme, die Sie haben, haben ihre Ursache in der Vergangenheit.«[29]

So strikt und monokausal habe ich früher auch gedacht. Heute bin ich davon überzeugt, dass diese Wenn-dann-Verknüpfung von Ursache und Folge in ihrer Schlichtheit zwar reizvoll, aber falsch ist: Wenn die Kindheit problembelastet war, dann ist das Symptom heute damit erklärbar. Wenn wir das annehmen, dann stärken wir, ob wir es wollen oder nicht, ein linear-kausales Denken und Handeln nach dem logischen Prinzip: dort die Ursache in der Kindheit und hier die Wirkung in der Gegenwart.

Das Erste, was mich daran stört, ist, dass es den Menschen, der heute an einem Problem, einem Symptom leidet, zu einem Opfer macht: »Du bist das Opfer deiner Kindheit« hört sich wie ein Blitz an, der aus dem Götterhimmel auf einen herniedersaust. Das ist nicht gerade ermutigend und hat immer auch etwas mit Schuldzuweisung zu tun. Schuldverteilung zurück nach damals mag ja im Moment ganz entlastend sein, hilft aber nicht weiter. »Es geschieht mir ganz recht, dass es mich an den Fingern friert, warum kauft mir meine Mutter keine Handschuhe«, lautet so ein doofer Spruch. Mir ist eine Sichtweise lieber, die mich ermutigt, heute meine Fähigkeiten und Ressourcen zu aktivieren, meine Kompetenzen zu entdecken, um meine Probleme in der Gegenwart zu lösen. Wie gesagt, es gibt nur Gegenwart im Kopf. Die Vergangenheit ist schon vergangen und damit nicht mehrt veränderbar.

Außerdem wird die Ursachenforschung für ein Problem in der Gegenwart immer rückwärts gerichtet betrieben: Heute erlebe ich ein Symptom – nehmen wir als Beispiel einen Angst- und Panikanfall beim Betreten eines großen Kaufhauses. Dafür gibt es bei längerem Nachdenken vielleicht – ich schreibe »vielleicht«, denn die meisten Menschen erleben einen Panikanfall aus heiterem Himmel kommend – irgendwelche Auslöser in der Gegenwart, aber die Ursache liegt, laut Psychotherapie, in einer einschlägigen Kindheitserfahrung, meiner fehlgelaufenen Kindheit. Und dann begeben wir uns auf die Suche und werden fündig.

Nach vielen Jahren klinischer Erfahrung sage ich frei raus: Wir finden immer etwas. Jeder Mensch hat zeit seines Lebens Erfahrungen gemacht, die sich nach der linearen Theorie für eine Ursache-Wirkung-Konstruktion gut eignen. Das Problem ist nur: Wenn ich schon vorher weiß, was ich suche, dann finde ich es auch. Damit wir uns nicht falsch verstehen: Die Erfahrungen der Vergangenheit haben eine wichtige Bedeutung für das Erleben der Gegenwart, aber ich vermute, dass die Zusammenhänge ein wenig anders gedacht werden müssen.

Und noch ein Drittes: Dem Satz, dass alle seelischen Probleme in der Kindheit begründet sind, diese Ursachen aber verdrängt wurden, haftet etwas Suggestives an. Und das funktioniert in zwei Richtungen: Einmal bedeutet es, dass ich nach einem bestimmten Erlebnis (Verlust der Mutter, zerrüttete Familienverhältnisse usw.) heute etwas ebenfalls in bestimmter Weise erleben muss (Suggestion einer pathogenen Gegenwart); und andersherum: Wenn es mir heute so geht, dann muss das mit damals zu tun haben (Suggestion einer pathogenen Vergangenheit). Dabei zeigt die Resilienzforschung eindeutig – ich habe schon im Kapitel 4 etwas dazu geschrieben –, dass traumatische Kindheit nicht Schicksal sein muss (aber natürlich sein kann).

Resilienz nennen Forscher unsere seelische Widerstandskraft, unsere innere Stärke, die manchen Menschen hilft, um mit extremen Belastungen fertig zu werden und nicht zu zerbrechen. Birgit Wolter (2005) schreibt über das Geheimnis der inneren Stärke: »Resilienz kann – wenn sie nicht angeboren ist – in allen Lebensphasen erworben, genauer: eingeübt werden. Aus diesem Grund scheint der Resilienzansatz gut zum systemischen Denken zu passen: Der Mensch als sich ständig entwickelndes und wandelndes Wesen. Wieso kann der eine Mensch ertragen, was den anderen zerbricht? Welcher Fähigkeiten bedarf es möglicherweise, um aus Krisen gestärkt hervorzugehen? Neue psychologische Forschungen zeigen: Jede Krise lässt sich bewältigen – vorausgesetzt, wir schulen unsere innere Stärke. Es gibt Menschen, die schwierigste Lebensbelastungen bewältigen, bei denen man sich wundert, dass sie psychisch nicht zerstört sind, beispielsweise nach Trennungen, Niederlagen, Tod, Gewalt, Missbrauch, Einsamkeit.«

Wie lässt sich das erklären, dass die einen gelernt haben, aus Niederlagen gestärkt hervorzugehen, widrige Umstände der Kindheit wegzustecken oder gar als Anreiz für Selbststärkung zu nutzen und andere erleben ihr Leben fortlaufend überschattet von einem verkorksten Anfang, verstrickt in heillose Enttäuschung über vorenthaltenes Glück?

In der Überschrift dieses Kapitels habe ich angedeutet, dass Vergangenheit und Gegenwart miteinander einen Tanz vollführen. Wie soll man sich die Beziehung zwischen den beiden Tanzpartnern vorstellen? Wer beeinflusst wen und wie, auf welche Weise?

Wie die Gegenwart die Vergangenheit beeinflusst

Vielleicht haben Sie gerade mit dem Kopf geschüttelt und gedacht: »Wie soll das denn funktionieren – die Vergangenheit ist vergangen und doch gar nicht veränderbar!« Stimmt – und stimmt auch nicht. Alles Erinnern findet, wie zuvor beschrieben, in der Gegenwart statt, in der Gedächtnisforschung sprechen wir von einem *gegenwärtigen Erinnerungskontext* (zum Beispiel Damasio 2000). Das menschliche Gedächtnis ist nach Ansicht dieser Erinnerungsspezialisten keine riesige Bibliothek, in der die Erfahrungen unseres Lebens feinsäuberlich nach Jahrgängen in unendlichen Regalfluchten geordnet sind – sozusagen die Erstausgaben unserer Erlebnisse in ihrer Originalfassung. Ein anderes Bild wäre das einer riesigen Videothek, mit Hunderttausenden von Videokassetten. Diese sehr populären Bilder von Gedächtnis würden beim Weiterdenken bedeuten: Wenn ich so ein Buch aus dem Regal hole und darin lese oder einen der Filme mit dem Titel »Mein erster Schultag« in den Rekorder schiebe, würde ich nach 50 Jahren die Originalgeschichte von damals noch einmal unverändert, bis auf ein paar Kratzer, Farbfehler oder verknickte Seiten, vor meinem geistigen Auge abspielen können. Die »Originalszene«, die historische Wahrheit über meine Schultüte und das verregnete Foto mit Papa und Mama damals vor der Schule, würde vor mir originalgetreu noch einmal ablaufen.

Das Bild mit der Bibliothek ist aber leider falsch. Erinnerung ist nicht der Abruf von unveränderlich im Gedächtnis aufbewahrten Informationen bezüglich unserer Vergangenheit, sondern Rekonstruktion der Vergangenheit anhand stark komprimierter Protokolle, Stichpunkte und unzähliger Einzelaspekte.

Vielmehr besteht das Gedächtnis aus einer assoziativen Ansammlung von Erfahrungsfragmenten, wesentlichen Bruchstücken der Erinnerungen also, die erst neu in der Gegenwart gruppiert und zusammengesetzt werden müssen – die Erinnerung an die Vergangenheit ist eine Konstruktion in der Gegenwart, eine Syntheseleistung, so wie ein Puzzlespiel. Das bedeutet, wir schaffen, konstruieren und erfinden unsere Vergangenheit immer wieder neu. Somit haben wir alle potenziell viele Vergangenheiten, je nachdem, was wir der Auswahl unserer Konstruktion zugrunde legen.

»Diese (Erfahrungsfragmente, J. P.) werden auf folgende Weise in eine ganzheitlich erinnerte Erfahrung verwandelt: Vorgänge und Erfahrungen, die sich in der Gegenwart vollziehen, dienen als Kontext (als gegenwärtiger Erinnerungskontext), der die Fragmente auswählt und zu einer Erinnerung zusammenstellt und organisiert. Der gegenwärtige Erinnerungskontext ist all das, was jetzt auf der mentalen Bühne passiert.« (Stern 2005, Seite 203)

Somit ist Erinnerung prozedural[30]. Das heißt, wenn ich mich an etwas erinnere, zum Beispiel an meine Katze Flora aus meiner Kindheit, dann ist das ein Prozess, bei dem im Gehirn eine Erinnerung zusammengebaut wird und nicht einfach ein Film über Flora in meinem Videorekorder abgespielt wird, der schon viele Jahre alt ist. Die komplizierte Sprache unseres Gehirns ist bis heute nur in Ansätzen entschlüsselt. Was aber sicher zu sein scheint, ist, dass die Katze Flora auf keinen Fall als »Bild eines kleines Kätzchens« wie ein Foto im Hirn gespeichert ist. Meine Katze ist vermutlich in verschiedenen Netzwerken von Nervenzellen abgespeichert, verteilt über das ganze Großhirn: Alles zusammen, »Tier«, »kratzt«, »miauen«, »Mäuse fangen«, »Garfield«, »kuschelweich«, »Schmusetier«, »Krallen« und vieles mehr ergibt meine Katze Flora.

Kommen wir zurück zur Frage, welche Rolle die Gegenwart für die Art der erinnerten Vergangenheit spielt. Daniel Stern (2005) gibt darauf eine spannende Antwort: Das aktuell stattfindende Erleben im Gegenwartsmoment ist der Auslöser für die Selektion und Organisation von Bruchstücken der Vergangenheit. Werden diese Teile im Prozess des Erinnerns miteinander verbunden, dann helfen sie uns zu verstehen, was gerade jetzt in der Gegenwart passiert. Ziel ist es, uns das Leben im Moment vertrauter erscheinen zu lassen, damit wir uns ihm besser anpassen können – das heißt unsere Überlebensfähigkeit steigern können. Das bedeutet:

- Die Vergangenheitserinnerungen sind Zitate von damals, um etwas zu bebildern und »verwörtern«, was in der Gegenwart passiert.
- Je nach Gegenwart haben wir viele Vergangenheiten, je nachdem, was die Gegenwart aus den Erinnerungen herausliest und auswählt.

Je nach meiner Augenblicksverfassung wird die Erinnerung an die Katze Flora mehr die Schmuseerinnerungen, die weichen Pfoten und den Duft des Fells zu einem »Katzenbild« verbinden oder eher doch die Geschichte, als Flora mir eine Maus vors Bett legte oder ihre scharfen Krallen, die mich verletzten. Somit gibt es viele Vergangenheiten von Flora.

Dieser aktive, aber unbewusst in Millisekunden ablaufende Auswahlvorgang der Gegenwart (besser: eines inneren Beobachters in der Gegenwart) aus dem Bilder-, Zitaten- und Mustersatz der Vergangenheit, aus der inneren Referenzkartei gemachter Erfahrungen, ist als Überlebensstrategie sofort für uns einleuchtend, wenn wir einer neuen Situation ausgesetzt sind und auf Erfahrungswissen zurückgreifen: »Ja, genau, das ist ja wie damals, ich erinnere mich noch, erst hat es komisch gerumpelt, dann hatten wir einen Kolbenfresser …«

Aber was ist mit den dramatischen und traumatischen Erlebnissen der Vergangenheit, vor allem wenn sie scheinbar ungefragt, plötzlich als »Blitzerinnerungen«, Flashbacks oder Traumarückerinnerungen einschießen und uns überwältigen?

Früher hätte ich so eine plötzliche Erinnerung an das sechste Lebensjahr, als die Mutter betrunken die Treppe hinunterstürzte, genau wie eine Patientin von mir als sinnlose Belastung empfunden. Ein Symptom ohne Funktion, etwas, das ganz schnell beseitigt gehört. Aus hypnosystemischer Sicht[31] sehe ich das heute anders: Auch ein Flashback einer Traumasituation ist ein Konstrukt (aus verschiedenen Elementen und Kategorien, wie bei meiner Katze Flora), das in der Gegenwart im Gehirn abgerufen wird und etwas über die Gegenwart, meinen Gegenwartsmoment, aussagt. »Es gibt eine intuitive Erkenntniskompetenz über Ähnlichkeiten heute mit Situationen, wie sie damals waren, und es heißt: Pass mal auf, etwas läuft schief – heute! Sei wachsam! Schütz dich besser!« (Schmidt 2008) In diesen leidvollen Erfahrungen, in Symptomen oder überwältigenden Gefühlen usw., steckten somit Wissen über bestimmte Bedürfnisse eines Menschen, die schon damals nicht beachtet, respektiert, übertreten und vernachlässigt wurden – und heute passiert dasselbe wieder.

Aus dieser Überlegung folgt für mich eine neue Perspektive des Denkens über leidvolles Erleben in der Psychotherapie: Die quälenden Erinnerungen, die beschämenden Bilder, die überrollenden Gefühle und die entwertenden Kritikerstimmen in unserem Inneren sind im ersten Moment ungebetene Gäste. Sie tragen aber auch wertvolle Informationen über Grundbedürfnisse von uns Menschen mit sich; über Erfahrungen, die sich nicht wiederholen sollten. Um diese Botschaften zu entschlüsseln, bedarf es häufig der Hilfe eines Psychotherapeuten – das, was wie ein Defizit erscheint, kann ein Schlüssel zur Veränderung sein.

Nehmen wir ein Beispiel: Lisa wuchs in einer ausbeuterischen und grenzüberschreitenden Beziehung zu den Eltern auf, die nicht in der Lage waren, dem Kind Anerkennung und Geborgenheit zu geben. Sie lernte sehr schnell, dass es sicherer war, nichts von anderen zu erwarten, niemand zu vertrauen und sich auf keinen Menschen zu verlassen. Als Lisa zu mir kam, litt sie unter Panikstörungen und Angst vor Dunkelheit. Dieses Symptom war massiv aufgetreten, als ihr Freund Peter ihr vorschlug, in eine gemeinsame Wohnung zu ziehen. Diese Symptomatik war nicht nur leidvoll und sollte so schnell wie möglich von mir behoben werden – ein Wunsch, den ich durchaus verstand –, sie war auch eine Botschaft an Lisa, an die Situation im Hier und Jetzt über ihre heutige Beziehung zu Peter und die anstehenden Lebensveränderungen. Dieses Symptom ist Ausdruck von Kompetenz, von Wissen, was Lisa braucht, um sich auf die Beziehung von Peter einlassen zu können und was auf keinen Fall wieder passieren darf: wie damals, als sie Kind war, blind vertraute und massiv enttäuscht wurde. »Das Problem ist eine wertvolle Botschaft aus der Vergangenheit, das ein Wissen über Bedürfnisse heute widerspiegelt und (zeigt, J. P.), wie man es nutzen kann, würdigend, wertschätzend, zieldienlich …« (Schmidt 2008).

Traumatische Netzwerke: wie Raubtiere, immer sprungbereit auf der Lauer liegend

Das Problem bei traumatischen Erinnerungsepisoden ist nun, dass, wenn nur ein Teil des ganzen Erinnerungsmusters von damals in der Gegenwart reaktiviert wurde, das ganze neuronale Netzwerk, in dem die Traumaerfahrung gespeichert wurde, sich mit dem Erfahrungsnetzwerk der Gegenwart verbindet.

Ich mache mir das immer wieder an folgendem Beispiel klar: Lisa geht in die Stadt und schlendert durch die Fußgängerzone. Plötzlich hat sie einen Panikanfall, fühlt sich irgendwie bedroht, kann aber gar nicht sagen, weshalb. Sie erstarrt und kann nicht fliehen. Man könnte das so erklären: Ihr innerer Beobachter, der dafür sorgt, dass sie sich in der Gegenwart relativ sicher fühlt, hat mit dem Gesichtserkennungssystems des Schläfenlappens ihres Gehirns in der Masse der Fußgänger ein Gesicht eines Mannes ausgemacht, der dem Täter verdammt ähnlich sieht, der ihr vor 14 Jahren vor dem Haus aufgelauert und sie ausgeraubt hat. Dieses geprägte Traumamuster oder Schema[32] wird innerhalb weniger Millisekunden aktiviert und führt zu einem Panikanfall, zu einer plötzlichen Regression in die Traumasituation von damals. Da dieses Schema hoch emotional besetzt ist und die Aufmerksamkeit auf Stufe »Alarm« hochgeschnellt ist, kann es schnell erinnert werden und gestaltet die Gegenwartssituation (Shoppen in der Fußgängerzone) wie eine unmittelbar bevorstehende Bedrohungssituation – ein ganz sinnvoller Überlebensmechanismus. Lisa fühlt sich aus der Gegenwart zurückkatapultiert in eine Erfahrung von vor 14 Jahren – das Traumanetzwerk hat sich mit dem Gegenwartsnetzwerk verknüpft und dominiert das Erleben.

Das heißt, wichtige und in diesem Fall traumatische Erfahrungen der Vergangenheit werden nicht als Einzelbruchstücke, sondern als kognitive, handlungsorientierte und affektive Schemata erinnert: ein Erfahrungsfeld, zusammengebunden unter einer gemeinsamen Überschrift. Um die Verbindung zwischen einer Wahrnehmung im Jetzt und einem aktivierten Schema aus dem Gedächtnis noch zu verdeutlichen, ein längeres Zitat:

»Was im Gehirn eintrifft, wird unter Rückgriff auf Schemata interpretiert. Bei der Anwendung der Schemata verfährt das Gehirn mit den eintreffenden Nervenimpulsen oft ähnlich wie der Feldwebel, der dem Rekruten einen zu engen Stahlhelm überstülpt und zu seinem ›Passt!‹ keinen Widerspruch duldet. [...] Unser Gehirn ist so ausgelegt, dass wir aus einem Minimum an sinnlicher Information unsere Welt konstruieren. Die vereinfachenden Schemata, nach denen wir die eintreffenden Daten ordnen, liegen wie Raubtiere immer sprungbereit auf der Lauer: Wir lesen Wörter, die bei genauem Hinsehen im Text gar nicht vorhanden sind; wir glauben Bekannte zu treffen, die sich auf den zweiten Blick als Fremde erweisen.« (Bayer 1998, Seite 84)

Welches Schema sich besonders gierig auf die Sinnesdaten stürzt, bestimmt das gerade aktivierte Programm: Wenn ich hungrig bin, wird Werbung für Speisen mich besonders in den Bann ziehen, wenn ich durstig bin beim Wandern durch die Wüste, sehe ich am Horizont vermeintlich eine Oase – und wenn ich schlechte Erfahrungen mit Abhängigkeit und Nähe gemacht habe wie Lisa, springt das Schema »Misstraue allen« auf die Bühne und schreit: »Stopp, nicht weiter, Gefahr!«

Ein Schema dient zur Auswahl und Filterung der eingehenden Information, aber auch zu ihrer Interpretation und im Weiteren zum Speichern und Ordnen des Wissens im menschlichen Gehirn. Schemata steuern somit die Wahrnehmung und Informationsverarbeitung des Menschen, und in der Konsequenz sein Handeln.

Wenn Sie noch einmal an die ersten Kapitel des Buches zurückdenken, können Sie vielleicht eine Verbindung zwischen den Schemata, die ich gerade beschrieben habe, und den Selbst-Anteilen, den Ego-States, ziehen. Ich könnte den neurobiologischen Vorgang, der Lisa bei ihrem Spaziergang in der Stadt passierte oder beim Wunsch von Peter, mit ihr zusammenzuleben, auch anders beschreiben: Durch eine Verunsicherung in der Gegenwart (erwachsene Lisa, 32 Jahre) wurden ein kindlicher und/oder junger Erwachsenen-Ego-State aktiviert, welche blitzschnell die innere Bühne betraten und die Gegenwart in die scheinbare Wiederholung einer traumatischen Vergangenheit verwandelten. Wir würden sagen: Die »Misstraue-allen-Lisa« (vier Jahre) und/oder die »Angst-Lisa« (18 Jahre) haben die Bühne betreten und bestimmen das »Jetzt-Erleben«.

Somit müssen kindliche Ego-States oder innere Kritiker, die wir uns am liebsten wegwünschen würden, mit Respekt behandelt werden, da sie niemals zufällig oder willkürlich die innere Bühne betreten, sondern immer Kommentare zu unserem Erleben in der Gegenwart darstellen und eine wichtige, früher gelernte und im unbewussten Gedächtnis abgespeicherte Information enthalten. Alle Teile, so habe ich in den ersten Kapiteln gesagt, dienen dem Überleben des Organismus. Das anzuerkennen ist häufig sehr schwer.

9

Hilfe, ein Teil von mir ist süchtig

Lange Zeit hatte ich geglaubt, dass Wort »Sucht« leite sich vom Verb »suchen« ab, und habe mir vorgestellt, der Mensch mit einem Suchtproblem sei auf einer verzweifelten Suche nach etwas: Ich nahm an, das grenzenlose Trinken, Essen oder Drogenkonsumieren sei eine Art Jakobsweg zu sich selbst. All diese etwas naiv-romantischen Vorstellungen über Sucht wurden gründlich über den Haufen geworfen, als ich in der Zeit meiner Psychiatrieausbildung erfuhr, dass »Sucht« mehr mit »siechen« und »Siechtum« als mit »suchen« zu tun hat und somit die Krankheit »Sucht« mehr in den Vordergrund rückte.

Heute begegnet mir süchtiges Verhalten bei den Patienten, die ich in der Klinik behandle, zumeist im Zusammenhang mit dem Versuch, traumatische Lebenserfahrungen zu verarbeiten. Die Frage, inwieweit die Anlage zur Sucht auch erblich ist und so von Generation zu Generation über die Gene weitergegeben wird, soll mich hier nicht weiter interessieren. Ich will mich in diesem Kapitel um ein Verständnis süchtigen Verhaltens im Rahmen der Verarbeitung traumatischer Erfahrungen und deren physiologischer Folgen bemühen. Damit reduziere ich die Komplexität des Themas »Sucht« bewusst auf die Tatsache, dass süchtiges Essverhalten wie Bulimie oder Anorexie, Alkohol- und/oder Nikotinsucht, Drogenkonsum usw. immer auch einen Versuch darstellen, einen unerträglichen körperlichen, seelischen und mentalen Zustand im Hier und Jetzt durch eine drogenbedingte Bewusstseinsveränderung erträglicher zu machen.

Wenn etwas aufhört, muss etwas anderes beginnen

Beginnen wir mit einem Fall:

Die 35-jährige Sonja ist alleinerziehende Mutter von zwei Kindern. Paul ist drei und Franka sechs Jahre alt. Nach der Trennung von ihrem Mann, der sie immer wieder mit anderen Frauen betrogen hatte und dadurch immer mehr die Vertrauensbasis der Beziehung zerstörte, lebt sie mit den Kindern allein. Ihren Beruf als Buchhändlerin kann sie wegen der noch kleinen Kinder zurzeit nicht ausüben, was für sie »schrecklich« ist, da die Arbeit in der Buchhandlung für sie ein wichtiger Lebensinhalt war.

Die zermürbende Trennung von ihrem Mann Klaus hat auf der Seele und dem Körper viele Narben hinterlassen, und die Erinnerung an die verbalen, aber auch körperlichen Gewalttätigkeiten zum Ende der Beziehung, sind bis heute nicht verheilt. Sonja kommt zu mir in Therapie, um diese Erinnerungsbilder der Gewalt verarbeiten zu lernen, aber auch wegen einer Ess-Brech-Sucht, die sich in den letzten Monaten von einmal pro Woche auf fast täglich steigerte. Sonja ist darüber sehr beschämt und möchte »das blöde

Fressen und Kotzen« loshaben. Es braucht einige Zeit, bis Sonja wieder Vertrauen fassen kann und wir mit der Arbeit an den inneren Anteilen beginnen können.

Das Erste, was ich Sonja anbiete, ist eine kleine Unterscheidung mit weitreichenden Folgen (das gilt für alle Leser*innen, die sich in dieser Schilderung wiederfinden): Nicht »ich, Sonja, habe ein Suchtproblem«, sondern »ein Teil von mir kann mit Essen nicht umgehen« und ein »anderer Teil ist darüber wütend, beschämt und möchte es loshaben«. Auf diese Weise wird die Dynamik in der inneren Selbst-Familie deutlicher: Wir haben einen Selbst-Anteil, der die Ess-Brech-Sucht erzeugt (den »Gierlaps«, wie ihn Sonja nennt), eine kommentierende, verurteilende innere Stimme (der »innere Kritiker«) und eine erwachsene Sonja, die sich diesem inneren Kampf machtlos ausgeliefert fühlt und sich immer wieder mit dem Gierlaps-Selbst verwechselt und dann der Sucht erliegt.

Bei der weiteren therapeutischen Arbeit mit dem inneren Selbst-Anteil »Gierlaps« zeigt sich, dass dieser ca. sechs Jahre alt ist und die gesamte Verlassenheitsangst von Sonja in sich trägt, die sie erlebte, als die Ehe der Eltern in ihrem sechsten Lebensjahr in eine Krise geriet und die Eltern sich um ein Haar hätten scheiden lassen. Als »Versöhnungskind« zwischen Vater und Mutter wurde ein Jahr später Martin geboren, von Sonja mit sehr zwiespältigen Gefühlen betrachtet.

Wenn wir uns jetzt einmal von den genauen Umständen der Geschichte von Sonja lösen, kann man verallgemeinernd sagen: Die meisten Menschen, die sich entschlossen haben, mit einer süchtigen Handlung wie Rauchen, Essen usw. aufzuhören, finden das Verhalten »blöde« und wollen es loswerden. Wenn man genau nachfragt, wann, in welchen

Situationen und wie häufig das Verhalten auftritt, hört man, dass dem Suchtverhalten meist eine innere Spannung, eine diffuse Unruhe vorausgeht, manchmal noch genauer beobachtet ein negativ erlebtes Gefühl von Einsamkeit, Traurigkeit, Einengung und Schuldgefühlen usw.

Das Rauchen, das Essen, das Schlucken von Drogen ist dann ein Mittel zum Zweck, und der Zweck ist, diese unerträglichen Körpergefühle und Emotionen zu unterdrücken, um in einen befriedigenden Zustand zu gelangen. Und da liegt schon das Problem: Würde man die Suchthandlung nur »wegmachen« wollen, den Fokus auf »es soll aufhören«, »es soll weg sein« als Zielbeschreibung legen, dann könnte man bestenfalls aufhören. Aber dann ist noch nichts Neues da, die Erlebnislücke, die die Droge geschlossen hatte, wäre wieder sperrangelweit offen: Und dann geht's uns wieder richtig schlecht! Wenn etwas aufhört, muss etwas anderes anfangen! Also: Das mit den »Wegmach-Zielen« in der Psychotherapie klappt nicht, das ist ein rührendes Missverständnis.

Wie könnte Veränderung passieren?

Sollten Sie ein kleineres oder größeres Suchtproblem haben, lassen Sie uns das mal im Kopf durchspielen, auch wenn ich Ihnen nur mehr Verständnis für den Selbst-Teil in Ihnen, der das Problem hat, versprechen kann und keine Blitzheilung von einer Sucht.

Stellen wir uns vor, Sonja möchte mit dem »Binge Eating«[33] und dem nachfolgenden Erbrechen aufhören: Dieses Verhalten wertet sie selbst in der Therapie mit drastischen

Worten ab. Sie möchte »abends andere Dinge tun, als über der Kloschüssel zu hängen«. Dieser Frust ist gut verständlich und aus ihm schöpft Sonja auch einen Teil der Motivation und Energie, wirklich Schluss damit zu machen. Nur da gibt es ein Problem: Sonja war ja nicht »blöd« oder ein schlechter, verantwortungsloser Mensch – obwohl sie es behauptet –, als sie immer häufiger sich süchtig vollgestopft und erbrochen hat, sondern sie hat es getan, um etwas zu erreichen. Es war eine kreative Leistung, um etwas herzustellen, einen anderen Zustand, ein anderes Gefühl, ein anderes Körperempfinden, zumindest in der Phase des Essens und Hineinstopfens. Sonja hat es getan *»für etwas«* und deshalb rückt die Frage des »Wofür tue ich etwas?« und nicht die Frage »Warum tue ich etwas?« in den Vordergrund.

Wenn man dem nun bei einer Sucht nachgeht, dann kommt man darauf, dass der Suchtstoff das Vehikel ist, um ein ganz bestimmtes Erleben zu ermöglichen, ein Erleben, welches Sonja in diesem bestimmten Kontext nur so und nicht anders glaubt erreichen zu können: innere Ruhe und Beruhigung, ein Nachlassen der Spannungen im Körper und das Gefühl, mit dem Essen im Bauch nicht mehr ganz so allein und verlassen zu sein, während die Kinder Paul und Franka in ihren Betten schlafen. Für einen Moment, so sagt sie, »kommt Frieden über mich, ich bin fast ein bisschen glücklich und mit mir und der Welt verbunden«.

Wenn man nun intensiver versucht zu verstehen, was das sechsjährige Innere Kind von Sonja, welches sie »Gierlaps« genannt hat, erlebt und empfindet, indem ich mit ihm spreche und Kontakt aufnehme, dann erfahre ich, dass diese oben beschriebenen Gefühle, die durch das Suchtvehikel erzeugt werden, genau das sind, was sich das Innere Kind so sehnsüchtig wünscht. Hinter dem Gierlaps-Bild findet sich dann auch eine ängstlich verschüchterte Sechsjährige, die Angst hat wegen der Streitigkeiten der Eltern und der drohenden Scheidung, die damals als ein Erinnerungsnetzwerk entstanden ist und die gesamte Erinnerung und Energie trägt. Dieser kindlich gebliebene Teil von Sonja gerät heute, fast 30 Jahre später, ständig in Angst und fühlt sich durch Verlassenheitspanik bedroht so wie damals, und die erwachsene Sonja wird von diesem Ego-State überrannt und dominiert. Die einzige Rettung und im Moment denkbare Lösungsstrategie für Sonja besteht in der Entwicklung des Suchtverhaltens, um zumindest kurzzeitig ihr Inneres Kind zu beruhigen und die unerträgliche Spannung zu lösen – das hat seinen hohen Preis und das Ekelerbrechen folgt auf dem Fuß. Wenn man sich nun in die Sechsjährige hineinfühlt, dann muss die »wahnwitzige« Idee der Erwachsenen, das Essen und Brechen aufzugeben, die Angst nur noch verschärfen: Wie soll das überhaupt auszuhalten sein, wie überleben, wenn wahllos Essen in sich hineinstopfen der einzige Schutz war, die einzige Möglichkeit, quälende Verlassenheit zu lindern, sich zu distanzieren, sozusagen über die Ernährung zu dissoziieren – der volle Bauch als innerer sicherer Ort.

Was würde ich jetzt in der Therapie vorschlagen? Sicher nicht, sofort und radikal mit der Suchthandlung aufzuhören. Zur Erinnerung: Wenn etwas aufhört, muss etwas Neues anfangen. Und noch etwas, was ich gerne mit einem arabischen Sprichwort verdeutliche: »Wenn du etwas willst, was du noch nicht hast, musst du etwas tun, was du noch nicht getan hast«. Das heißt: Das, was da neu anfängt, muss auch etwas Neues sein und nicht mehr vom Gleichen.

Die Lösung des Problems liegt aus meiner Sicht darin, den Benefit für das innere Selbst-System, die kreative Konstruktion eines zieldienlichen Erlebens, der in dem Symptomverhalten liegt, von den Ess-Brech-Ritualen abzukoppeln. Wie schaffe ich den gleichen Zustand von Entspannung und Befriedigung auch ohne Essen? Welche anderen Rituale, die ich in mein Leben einbauen könnte, werden mir helfen, einen ähnlichen Erlebnisraum zu öffnen? Was braucht mein Inneres sechsjähriges Kind, um zu erfahren, die Vergangenheit ist vergangen und die erwachsene Sonja ist in der Lage, die Gegenwart zu meistern, trotz der Trennung usw.?

Zuerst einmal muss der erwachsene Teil davon überzeugt sein, dass das Ganze bisher ein Missverständnis, eine Fehlinterpretation war: Der Satz »Entspannung und Verlust von Trennungspanik ist nur durch das Vehikel eines Suchtstoffes erreichbar« ist falsch. Jetzt beginnt in der Therapie die eigentliche Arbeit: die Suche nach den eigenen Stärken und Ressourcen, nach den Fähigkeiten zur Selbstberuhigung und Selbstbemutterung. Das Ziel ist es, diesen Erlebnisraum des körperlichen und seelischen Wohlbefindens selbst, das heißt aus sich heraus herzustellen. Wenn das gelingt, dann kann Sonja vielleicht sagen: Ich brauche keine von außen zugeführte Stärkung oder äußere Ressource, ich kenne mich und meine Stärken jetzt besser und kann mein Inneres Kind beruhigen, wenn es wieder in Panik gerät und ich dazu neige, die erwachsene Position aufzugeben und mich mit der Sechsjährigen zu verwechseln.

Jetzt verstehen Sie vielleicht besser, warum in der Therapie traumatisierter Menschen die Entwicklung von Ressourcen so wichtig ist.

Eine kleine Selbstübung

Am Ende dieses Kapitels will ich Ihnen, die an einem Suchtproblem leiden, eine kleine Übung vorschlagen, die Ihnen helfen kann, besser zu verstehen, was passiert, wenn Sie auf ein süchtiges Verhalten im Alltag wie Rauchen, übermäßiges Essen, Alkoholtrinken oder das Einwerfen von Drogen zurückgreifen.

1. *Suchtverhalten:* Welches Verhalten bei sich würden Sie als süchtiges Verhalten bezeichnen und wollen es verändern?
2. *Zustand A (Mangelsituation):* Wie fühlen sie sich, kurz bevor das süchtige Verhalten, das Ritual einsetzt? Zu wem werden Sie da, wie alt sind Sie, wie groß und wie würden Sie diesen Zustand nennen, in dem Sie da stecken?
3. *Zustand B (Befriedigung):* Was wäre jetzt für diesen Zustand A (die Mangelsituation) das gewünschte neue Erleben im Zustand B (Befriedigung), und kann dieses Erleben durch den Suchtstoff Essen, Nikotin usw. für einen Moment erreicht werden? Wie geht es Ihnen dann? Was hat sich im Vergleich zu Zustand A verändert?
4. *Ressourcen:* Wo in Ihrem Leben können Sie diesen erwünschten Zustand auch ohne Suchtmittel erleben? Wann und wo gab es diesen Moment, auch wenn er nur kurz war? Was können Sie tun, um diese Fähigkeiten zu stärken und Ihre Möglichkeiten, sich zu schützen, zu beruhigen und selbst zu bemuttern, auszubauen?

Auf dem Weg zu dieser Selbstberuhigung haben sich Übungen bewährt, die Sie immer wieder in Kontakt mit Ihren inneren Stärken und Fähigkeiten bringen. Eine stelle ich

Ihnen jetzt am Ende dieses Abschnitts vor. Wenn Sie wollen, können Sie sich so entspannt, wie es Ihnen gerade möglich ist, hinsetzen und die Zeilen einfach leise oder auch laut sich selbst vorlesen, wie eine gute Mutter einem Kind eine beruhigende Geschichte erzählt.

Skript: Der inneren Stärke begegnen

Ich möchte Sie nun einladen, eine Reise in Ihr Inneres anzutreten und an einen Ort, der sich wie das innerste Zentrum des Seins anfühlt, einen Ort, an dem es sehr ruhig ist und friedvoll und still. Wenn Sie an diesen Ort gelangen, haben Sie vielleicht das Gefühl, dass Sie einen Teil von sich selbst finden, einen Teil, den ich als *innere Stärke* bezeichnen werde.

Dieser Teil von Ihnen war seit dem Augenblick der Geburt immer da, auch wenn Sie manchmal Schwierigkeiten haben, ihn zu spüren, und er ist auch jetzt bei Ihnen. Dieser Teil ermöglicht Ihnen zu überleben und Hindernisse zu überwinden, wann immer Sie damit konfrontiert werden. Vielleicht wollen Sie sich einen Moment Zeit nehmen, um zu diesem Teil von Ihnen Kontakt aufzunehmen. Dabei können Sie darauf achten, welche Bilder oder Gefühle, welche Gedanken, welche Körperempfindungen Sie mit Ihrer inneren Stärke verbinden. Und wenn jene Bilder oder Gedanken oder Gefühle oder Körperempfindungen oder was auch immer Sie bemerken, klar vor Ihrem inneren geistigen Auge stehen, und wenn Sie das Gefühl haben, dass die Erfahrung für Sie ganz präsent ist, dann können Sie einen Moment dabei verweilen.

Und wenn Sie in Zukunft erneut mit der inneren Stärke in Kontakt treten wollen, werden Sie feststellen, dass Sie das können, indem Sie sich einfach diese Bilder, Gedanken, Gefühle und Körperempfindungen vergegenwärtigen. Und wenn Sie dies tun, werden Sie wieder mit Ihrer inneren Stärke in Kontakt sein.

Und wenn Sie mit diesem Teil in Kontakt sind, werden Sie sich zuversichtlicher fühlen, weil Sie sicher sind, dass Sie in sich alle Ressourcen haben, die Sie wirklich brauchen, um Schritte in die Richtung zu gehen, die Sie gehen wollen, um sich Ziele zu setzen und sie zu erreichen, und um zu erleben, dass Träume in Erfüllung gehen können. Wenn Sie mit diesem Teil in Kontakt sind, können Sie sich ruhiger und optimistischer fühlen und der Zukunft erwartungsvoll entgegensehen.

Und in den nächsten Tagen und Wochen werden Sie vielleicht merken, dass Sie Ihrem Leben ruhiger und optimistischer gegenüberstehen. Und Sie werden feststellen, dass Sie zu jeder Zeit im Laufe des Tages mit Ihrer inneren Stärke in Kontakt treten können, indem Sie einfach einen Moment die Augen schließen, Ihre Hand zur Stirn führen und sich kurz dort berühren, sich das Bild Ihrer inneren Stärke vergegenwärtigen und sich daran erinnern, dass Sie in sich alle Ressourcen haben, die Sie wirklich brauchen. Je öfter Sie auf diese Weise mit Ihrer inneren Stärke in Kontakt treten, umso stärker werden Sie Ihrem Selbst, Ihrer Intuition und Ihren Gefühlen vertrauen, und umso mehr werden Sie sich von ihnen führen lassen können.[34]

Das Gute an der Sache ist, dass jeder von uns diese innere Stärke besitzt, wir müssen nur wieder lernen, an uns zu glauben. Dazu wollte ich Sie mit diesem Buch ermutigen.

Ausklang

Ich bin nun ans Ende gekommen und hoffe, Sie haben mich bis an diesen Punkt mit Neugierde und Aufmerksamkeit begleitet. Vielleicht hat das eine oder andere Sie angeregt, anders über sich zu denken, zu fühlen und auch anders in Zukunft zu handeln.

Lassen Sie mich schließen mit einem Gedicht von Erich Fried, welches wir lange im Flur unserer Klinik vor meinem Arbeitszimmer hängen hatten.

Vielleicht

Erinnern
das ist
vielleicht
die qualvollste Art
des Vergessens
und vielleicht
die freundlichste Art
der Linderung
dieser Qual [35]

Anhang

Dank

Dass der Kopf rund ist, damit die Gedanken die Richtung ändern können, habe ich immer schon gewusst. Dass ich es umgesetzt habe in Form dieses Buches, verdanke ich meinen Lehrern Woltemade Hartman aus Pretoria/Südafrika und Gunther Schmidt aus Heidelberg.

Bedanken möchte ich mich auch bei Gerhard Plachta vom Kösel-Verlag, der mich eingeladen hat, nach zwölf Jahren dieses Buch noch einmal mit heutigen Augen zu lesen und bei Bedarf zu ergänzen. Es hat mir Spaß gemacht, meine Gedanken von damals noch einmal heute als 72-Jähriger zu denken und festzustellen, dass alles, was ich bis heute hilfreich finde, um mich selbst mit meiner inneren Mannschaft von Selbst Anteilen zu verstehen, hier schon gesagt ist. Vielleicht habe ich noch die Gelegenheit, das in einigen Jahren nochmals zu überprüfen. Nur wer sich verändert, bleibt sich treu!

Anmerkungen

1 Liebe Leser*innen, aus Gründen der besseren Lesbarkeit wird bei der Nennung von Personen, Patient*innen und Berufsbezeichnungen meist auf eine Differenzierung der Geschlechter verzichtet. Selbstverständlich sind jedoch immer alle Geschlechtsformen gleichermaßen gemeint.
2 Gemeint ist damit, dass wir alle »vielfältig« sind. »Multipel« sein ist etwas anderes und verursacht bei meinen Patienten viel Leid.
3 Siehe dazu: http://www.1-hwk1.de/gestalttherapie
4 http://www.wissen.de/wde/generator/wissen/ressorts/bildung/index,page=1239072.html
5 Diese Zahlen stammen aus Eliot (2001) und Siefer/Weber (2006).
6 Donald O. Hebb: bedeutender kanadischer Psychologe und Vater der kognitiven Psychobiologie
7 http://de.wikipedia.org/wiki/Amygdala
8 Dieses Gefühl illustriert anschaulich der sehr verstörende Roman *Die Wand* von Marlen Haushofer.
9 Siehe Küchenhoff (1999), S. 161
10 Skillsgruppe: Gruppe zum gemeinsamen Erlernen von Fähigkeiten zur besseren Lebens- und Stressbewältigung
11 Zum Beispiel http://www.blumenwiesen.org
12 Sympathikus: ein Teil des vegetativen, das heißt unwillkürlichen Nervensystems
13 Unter »Resilienz« wird die Fähigkeit von Menschen verstanden, Krisen unter Rückgriff auf persönliche und sozial vermittelte Ressourcen zu meistern und als Anlass für Entwicklung zu nutzen, wobei dieser Prozess das ganze Leben hindurch andauert. Siehe auch Welter-Enderlin/Hildenbrand (2006).
14 Alle Informationen unter https://www.apa.org/topics/resilience und https://uncw.edu/studentaffairs/committees/pdc/documents/the%20road%20to%20resilience.pdf
15 Geschrieben von »Anonymus 2008« – zitiert aus *Psychologie heute*, Heft 4/2001, S. 20
16 Siehe dazu mein Buch *Rote Karte für den inneren Kritiker* (2014)
17 Vgl. Schwartz/Sweezy (2021)
18 Young/Klosko/Weishaar (2005)

19 Dieses Thema habe ich ausführlich in meinem Buch *Warum es auch gut ist, Narzisst zu sein* (2017) behandelt.
20 http://www.kindergartenpaedagogik.de/56.html
21 Die Physiologie befasst sich mit den physikalischen, biochemischen und informationsverarbeitenden Funktionen von Lebewesen.
22 Saint-Exupéry (1983), S. 50 f.
23 Sachsse (2007), S. 87
24 Identifikation bedeutet wörtlich übersetzt »gleichsetzen«. Gemeint ist damit in der Psychologie der Vorgang, sich in einen anderen Menschen oder sein inneres Bild einzufühlen.
25 http://de.wikipedia.org/wiki/Selbstliebe
26 Vgl. Chopich/Paul (2005), S. 20 ff. und 60 ff.
27 Augustinus: *Confessiones* (Liber XI, Caput XIV)
28 Wer sich intensiver mit Zen-Meditation und dem Erleben des Augenblicks beschäftigen möchte, dem empfehle ich das Buch *Zen im Alltag* von Charlotte Joko Beck (2000).
29 http://www.psychologie-ratgeber.de/psychotherapie/psychoanalyse/psychoanalyse.html
30 prozedural: verfahrensmäßig, den äußeren Ablauf einer Sache betreffend (vgl. Fremdwörter-Duden)
31 Viele der folgenden Ideen und Konzepte verdanke ich Gunther Schmidt aus Heidelberg.
32 Schemata lassen sich als viele verschieden etikettierte Schubladen eines Schrankes verstehen, in denen die zugehörigen Dinge gesammelt werden
33 Binge Eating: periodische Heißhungeranfälle (Fressanfälle) mit Verlust der bewussten Kontrolle über das Essverhalten
34 Abgewandelt nach Phillips/Frederick (2003), S. 122 f.
35 Erich Fried, Vielleicht, aus: *Es ist, was es ist. Liebesgedichte Angstgedichte Zorngedichte* © 1983, 1996, 2007 Verlag Klaus Wagenbach, Berlin

Literatur

Bayer, K. (1998): *Evolution, Kultur-Sprache*, Kapitel 4: »Gehirn und Bewusstsein«; http://www.klaus.bayer.phil.uni-hannover.de/imperia/md/content/de/unihannover/phil/klaus_bayer/bayer_eks_4.pdf

Beck, C.J. (2000): *Zen im Alltag*, München: Droemer Knaur

Becker-Textor, I. (1990): »Schwierige Kinder gibt es nicht – oder doch? ›Problemkinder‹ im Kindergarten«; http://www.kindergartenpaedagogik.de/56.html

Chopich, E.J.; Paul, M. (2005): *Das Arbeitsbuch: Zur Aussöhnung mit dem inneren Kind*, Berlin: Ullstein-TB

Damasio, A.R. (2000): *Ich fühle, also bin ich. Die Entschlüsselung des Bewusstseins*, Berlin: List

Eliot, L. (2001): *Was geht da drinnen vor? Die Gehirnentwicklung in den ersten fünf Lebensjahren*, Berlin: Berlin Verlag

Emmerson, G. (2003): *Ego State Therapy*, Carmarthen: Crown House Publishing

Fisher, J. (2019): *Die Arbeit mit Selbstanteilen in der Traumatherapie*, Paderborn: Junfermann

Foerster, H. von (2006): *Wie wir uns erfinden. Eine Autobiographie des radikalen Konstruktivismus*, Heidelberg: Carl-Auer-Systeme, 3. Aufl.

Fromm, E. (2005): *Die Kunst des Liebens*, Berlin: Ullstein-TB

Haushofer, M. (2004): *Die Wand*, Berlin: List-TB

Kachler, R. (2020): *Die Therapie des Inneren Kindes. Konzepte und Methoden für Beratung und Psychotherapie*, Stuttgart: Klett-Cotta

Kluft, R.P. (1988): »The Phenomenology and Treatment of Extremely Complex Multiple Personality Disorder«, in: *Dissociation*, 1, S. 47–58

Kluft, R.P. (1991): »Clinical Presentation of Multiple Personality Disorder«, in: R.J. Loewenstein (Hrsg.): *Psychiatric Clinics of North America*, Philadelphia: Saunders, 21, S. 605– 629

Kluft, R.P. (1999): »An Overview of Psychotherapy of Dissociative Identity Disorder«, in: *American Journal of Psychiatry*, 153, S. 289–319

Küchenhoff, J. (1999): »Die Fähigkeit zur Selbstfürsorge – die seelischen Voraussetzungen«, in: J. Küchenhoff (Hrsg.): *Selbstzerstörung und Selbstfürsorge*, Gießen: Psychosozial, S. 147–164

Lublinski, J. (2005): »Gegenwart dauert drei Sekunden«; http://www.dw-world.de/dw/article/0,,1753097,00.html

Morris, J. S.; Frith, C. D.; Perret, I. D.; Rowland, D., Young, W. et al. (1996): »A Differential Neural Respons in the Human Amygdala to Fearful and Happy Facial Expressions«, in: *Nature*, 383, S. 812–815

Musil, R. (2002): *Der Mann ohne Eigenschaften*, Reinbek: Rowohlt

Pascal, B. (2007): *Gedanken. Meisterwerke der Philosophie*, Köln: Anaconda

Peichl, J. (2014): *Rote Karte für den inneren Kritiker. Wie aus dem ewigen Miesmacher ein Verbündeter wird*, München: Kösel

Peichl, J. (2017): *Warum es auch gut ist, Narzisst zu sein*, München: Kösel

Phillips, M.; Frederick, C. (2003): *Handbuch der Hypnotherapie bei posttraumatischen und dissoziativen Störungen*, Heidelberg: Carl-Auer-Systeme

Pöppel, E. (1993): *Lust und Schmerz. Über den Ursprung der Welt im Gehirn*, Berlin: Siedler

Pöppel, E. (1997): *Grenzen des Bewusstseins. Wie kommen wir zur Zeit und wie entsteht Wirklichkeit?* Frankfurt/M.: Insel

Reddemann, L. (2001): *Imagination als heilsame Kraft. Zur Behandlung von Traumafolgen mit ressourcenorientiertem Verfahren*, Stuttgart: Klett-Cotta

Reddemann, L. (2004): *Eine Reise von 1000 Meilen beginnt mit dem ersten Schritt. Seelische Kräfte entwickeln und fördern*, Freiburg: Herder

Roth, G. (2001a): »Wie das Gehirn die Seele macht«; http://home.arcor.de/eberhard.liss/hirnforschung/rothgehirn+seele.htm

Roth, G. (2001b): *Fühlen, Denken, Handeln. Wie das Gehirn unser Verhalten steuert*, Frankfurt/M.: Suhrkamp

Sachsse, U. (2007): »Vier Unterrichtseinheiten für Erwachsene mit Inneren Problemkindern«, in: U. Sachsse; W. Herbold (Hrsg.): *Das so genannte Innere Kind. Vom Inneren Kind zum Selbst*, Stuttgart: Schattauer

Saint-Exupéry, A. de (1983): *Der Kleine Prinz*, Düsseldorf: Karl Rauch

Schmidt, G. (2008): *Die Gegenwart bestimmt die Wirkung der Vergangenheit*, Jahrestagung der MEG, 6.–9.3.2008 (Hör-CD im Auditorium Verlag)

Schwartz, R.C.; Sweezy, M. (2021): *Systemische Therapie mit der inneren Familie. Vollständig überarbeitete und erweiterte Neuauflage*, Stuttgart: Klett-Cotta

Siefer, W.; Weber, C. (2006): *Ich. Wie wir uns selbst erfinden*, Frankfurt/M.: Campus

Simon, F.B. (2008): *Einführung in Systemtheorie und Konstruktivismus*, Heidelberg: Carl-Auer-Systeme, 3. Aufl.

Singer, W. (2000): »Wahrnehmen, Erinnern, Vergessen«, Eröffnungsvortrag des 43. Deutschen Historikertags am 26.9.2000 in Aachen; http://www.mpih-frankfurt.mpg.de/global/Np/Pubs/Historikertag.pdf

Stern, D.N. (2005): *Der Gegenwartsmoment. Veränderungsprozesse in Psychoanalyse, Psychotherapie und Alltag*, Frankfurt/M.: Brandes & Apsel

Watkins, J.G.; Watkins, H.H. (2003): *Ego-States. Theorie und Therapie. Ein Handbuch*, Heidelberg: Carl-Auer-Systeme

Welter-Enderlin, R.; Hildenbrand, B. (2006): *Resilienz. Gedeihen trotz widriger Umstände*, Heidelberg: Carl-Auer-Systeme

Wolinsky, St. (2004): *Die dunkle Seite des inneren Kindes. Die Vergangenheit loslassen, die Gegenwart leben*, Freiburg: Lüchow

Wolter, B. (2005): »›Resilienzforschung‹ – das Geheimnis der inneren Stärke«; https://www.ifw-mitgliederverein.de/files/mitgliederverein/systhema/2005/3_2005/Sys_3_2005_Wolter.pdf

Young, J.E.; Klosko, J.S.; Weishaar, M.E. (2005): *Schematherapie. Ein praxisorientiertes Handbuch*, Paderborn: Junfermann